KB269811

일잘러의
말하기**사전**
첫인사부터 전화·메일·건배사까지 상황별 한마디 *200*

초판 1쇄 발행 2026년 1월 15일

지은이   장은희

펴낸이   강기원
펴낸곳   도서출판 이비컴

편 집   최에스더
마케팅   박선왜

주 소   서울시 동대문구 고산자로34길 70, 431호
전 화   02-2254-0658 팩 스 02-2254-0634
등록번호   제6-0596호(2002.4.9)
전자우편   bookbee@naver.com
I S B N   978-89-6245-243-3 (03190)

© 장은희, 2026

일잘러의 말하기 사전

첫인사부터 전화·메일·건배사까지 상황별 한마디 *200*

이비락 樂

4장 15년 차 팀장을 위한 리더의 품격 말센스

: 품격은 말투에서, 신뢰는 태도에서 드러난다

말은 결국, 태도의 기록이다

이 책의 시작은 건배사였다. 2019년 봄 어느 저녁 미팅 자리. 분위기가
무르익자 누군가 건배사를 제안했다. 당황한 기색 속에 다들 휴대폰을
탁자 밑으로 내리고 검색하기 바빴다. 잠시 후 누군가 일어서더니 자신
있게 먼저 하겠다고 나섰다.

"진달래!"

'진하고 달콤한 래(내)일을 위하여'라는 뜻의 건배사였다. 그 아름다운
꽃을 그렇게밖에 쓰지 못하는 현실이 안타까웠다. 웃음보다 민망함이
먼저 올라왔다. 그런데 그보다 더 싫었던 건, 그들과 똑같이 건배사를
검색하고 있던 내 모습이었다.

'나는 말을 다루는 사람인데도 왜 이렇게 서툴까…'

그 질문에서 이 책이 시작됐다.

돌이켜 보면 어려서부터 말에 참 관심이 많았다. 일란성 쌍둥이로 태어

나 늘 거울을 보듯 언니 얼굴을 보며 자랐다. 언니가 하는 말을 듣고 태도를 보면서 나의 객관적인 모습을 실시간으로 확인했다.

우리 가족은 유독 말이 많았다. 텔레비전을 봐도, 밥을 먹어도 각자 하고 싶은 말들이 많아 목소리를 높여야 했다. 좋아하는 음식을 저녁 메뉴로 먹고 싶을 때면 엄마에게 강하게 어필을 해야 했다. 내 소울 푸드인 꽃게탕을 밥상에서 만나고 싶으면 내 말로 엄마의 마음을 움직여야 했다. 그런 환경 속에 나는 특별히 더 말과 말 습관에 관심이 많은 아이로 자랐다.

자연스럽게 말과 관련된 일을 갖게 됐다. 대학 졸업 후 방송작가로 사회생활을 시작해 EBS 〈CEO특강〉, 〈현장!교육〉, 〈뉴스〉, 〈보니하니〉 등 7년 동안 다양한 프로그램의 대본을 쓰며 '말의 뼈대'를 배웠다. 이후 공공기관 홍보담당자로 자리를 옮겨 12년째 연설문과 인터뷰 자료 작성, 언론 대응 등 대외 커뮤니케이션을 맡고 있다. 그렇게 나는 총 19년의 세월을 말의 현장에서 보내고 있다.

그 시간 동안 말이 일의 결과를 바꾸는 수많은 순간을 봐 왔다. 말을 잘하는 사람보다 '센스 있게 말하는 사람'이 신뢰를 얻는다는 것도 알게 됐다. 덕분에 필력에 대한 칭찬이나 달변이라는 말보다 "말센스가 좋다"는 평가를 받는다.

말센스는 기술이 아니라 태도의 기록이다. 이것이 현장이 내게 알려준 귀한 가르침이다.

최근 들어 직장에서 '말'로 인한 갈등을 더 자주 목격한다. 20~30대 젊은 직원들은 "전화로 업무 통화하는 게 너무 부담돼요."라고 고민을 털어놓고, 동료들은 "다른 직원과 자꾸 말 때문에 오해가 생겨서 힘들다."라며 속내를 드러낸다.

그들은 또 묻는다. "첫인사는 어떻게 해야 하나요?", "회의에서 어떻게 말문을 열어야 할까요?", "건배사를 부탁받았는데 뭐라고 해야 하죠?". 그럴 때마다 나는 현장에서 터득한 문장들을 건넸다. 그리고 꼭 덧붙였다. "그런데 말보다 중요한 게 진심이야. 그게 전해지면 충분해."

아나운서처럼 또박또박 말하거나 예절 강사처럼 완벽하게 행동할 필요는 없다. 다만 말로 진심은 전할 수 있어야 한다. 그 기본기가 바로 말센스다.

직장인의 4단계 성장과 말하기 사전

직장 생활에는 단계가 있고 단계마다 필요한 말이 다르다. 1년 차에는 인사를 배우고, 5년 차에는 보고를 배우며, 10년 차에는 협업을 배우고, 15년 차에는 품격을 배운다.

그래서 이 책을 '말하기 사전'으로 만들었다. 국어사전을 찾듯 당신이 필요한 그 순간에 펼쳐보면 된다.

1년 차라면 "첫인사는 어떤 말로 해야 할까?", "자기소개를 망치지 않으려면?", "전화 통화가 왜 이렇게 떨릴까?"라는 고민의 답을 찾을 수 있다. 5년 차에는 회의에서, 보고에서 제대로 목소리를 내고 싶지만 어떻게 시작할지 모르는 경우가 많다. 그 시점에 필요한 말머리를 알려준다. 10년 차에는 어색한 자리를 어떻게 풀어야 할지, 미묘한 갈등을 어떻게 말로 조율할지가 고민이다. 그 기술이 여기 있다. 그리고 15년 차 리더라면, 완벽한 말솜씨가 아니라 뻔하지 않은 진심과 센스 있는 귀로 신뢰를 만드는 법을 배우게 될 것이다.

각 장의 마지막에는 '말센스 카드'와 '연습 공간(쓰기와 훈련)'을 넣었다. 말센스 카드는 말이 필요한 순간 히든카드처럼 꺼내 쓸 수 있도록 만들었다. 연습 공간은 생각날 때마다 조금씩 말센스를 쌓아가는 일기장으로 활용해 보길 바란다.

책을 구매한 독자에게는 부록1 '상황별 말센스 카드' 외에 별도의 '말센스 히든카드 PDF' 파일(다운로드로 제공)을 제공한다. 출력해서 책상 앞에 붙이거나, 휴대폰에 저장하거나, 명함 크기로 잘라 지갑에 넣어두면 어디서든 꺼내볼 수 있다. 출근길에, 점심시간에, 혹은 보고서 전송

전 1분. 짧은 문장 하나가 관계를 바꾸는 힘이 될 수 있다.

이 책은 처음부터 끝까지 완독해야 하는 책이 아니다. 말이 고플 때, 말센스가 절실할 때 필요한 부분만 펼쳐 보면 된다. 진심이 담긴 한 문장, 상대의 마음을 배려한 한마디가 당신의 품격이 되어줄 것이다.

되돌아보니 내 인생에는 말 스승이 여럿 있었다. 때로는 따끔하게, 때로는 따뜻하게 말로 위로를 준 부모님. 어떤 말을 하든 받아주어 스스로 나의 말센스를 되돌아보게 만든 남편과 딸. 내 말의 태도를 만들어 준 인생멘토들. 무엇보다 함께 웃고 고민하며 성장해 온 나의 소중한 직장 동료들.

그들 모두로부터 배웠다. 말은 기술이 아니라 태도의 기록이다. 이 책으로 감사를 전한다.

2025년 12월
장은희

1장

1년 차 신입을 위한
첫인상 말센스

서툴러도 괜찮다.
'진심'이 당신의 언어가 된다

완벽한 말보다 진심이 담긴 태도가 더 오래 남는다.

일은 말로 시작되지만 기억으로 남는 것은 태도이다.
신입이 가장 많이 하는 실수를 골라 '기본기 말센스'를 다져보자.

01 첫인사, 관계의 문을 여는 3초의 기술

– 짧게, 또렷하게, 진심이 전해지도록

10년 차도 놓치는 3초의 기회

공공기관에서는 매해 1월과 7월, 1년에 두 번씩 인사이동이 있다. 어느 해 여름이었다. 한 번에 다섯 명의 직원이 새로 배치됐다. 연령도 경력도 연차도 제각각이었다. 모두가 모여 첫인사를 나누는 자리에서 유독 두 사람의 인사가 대비됐다.

10년 차 A직원: "○○○입니다. 뭐, 다 아는 분들이니까, 잘 부탁할게요."

목소리는 편안했지만, 상투적으로 들렸다. 경험이 있기에 자신감 있는 태도였지만, 무언가 마음이 없었다.

신입 B직원: "안녕하세요. ○○팀에서 일하게 된...○○○입

목소리가 많이 떨렸다. 하지만 떨림 속에 진심이 전해졌다. 준비했다는 게 느껴졌고, 이 자리를 소중하게 생각한다는 걸 알 수 있었다.

짧은 몇 초를 누군가는 시간 때우기로, 누군가는 마음을 전하는 기회로 만들었다. 그날 모든 부서원이 느낀 인상은 명확했다. A직원은 관계에는 관심이 없는 사람, B직원은 서툴지만, 성실하고 조직과 함께하려는 사람. 이후 한 해 동안 누가 더 부서 사람들과 잘 지냈을까? 당연히 신입 B직원이었다.

그날 나는 확실히 알게 됐다. 첫인사를 망치는 건 '경험 부족'이 아니라 '형식만 남은 말투'라는 사실을. 반대로 좋은 첫인사는 거창한 말솜씨가 아니라 우리가 이미 알고 있는 단순한 요소들만으로도 충분하다는 것을.

첫인상은 일생의 기억으로 남는다

나는 첫인상의 중요성을 일찍 깨달았다. 일곱 살 때였다. 유치원에서 짝꿍을 바꾸는 날. 제비뽑기 끝에 내가 좋아하던 남자아이와 짝꿍이 됐다. 그런데 그 아이의 표정이 좋지 않았다. 이내 선생님께 가서 짝을 바꿔 달라며 울상을 짓는 것이었다.

나중에 알게 됐다. 그 아이는 내 일란성 쌍둥이 언니와 짝꿍이 되고 싶었던 것이었다. 언니는 요즘 말로 '육각형 인재'였다. 그림도 잘 그렸고, 체육도 잘했고, 얼굴도 예뻤고, 성격도 좋았다. 나는 정반대였다. 언니와 생김새만 같을 뿐, 강한 성격에 말도 많고 잘 따지는 다소 거슬리는 아이였다. 선생님은 짝을 바꿔주지 않으셨고, 그 아이의 선입견을 바꾸기까지 어린 나로서는 꽤 오랜 시간이 걸렸다.

처음 몇 주는 그 아이가 나를 철저히 무시했다. 하지만 함께 지내다 보니, 시간이 지나면서 조금씩 달라졌다. 서로 도와가며 조금씩 알아갔다. 결국 학기 말에는 꽤 친한 친구가 됐다. 하지만 그 시간은 결코 짧지 않았다.

첫인사는 전략이다

심리학에서는 이를 '초두효과(Primacy Effect)'라고 부른다. 처음 접한 정보가 이후에 들어오는 정보보다 더 강하게 기억에 남는 현상이다. 1964년 미국의 심리학자 솔로몬 애쉬(Solomon Asch)는 실험을 통해 처음 받은 인상이 사람의 판단과 기억 전체를 지배한다는 사실을 증명했다.

여기에 '빈발효과(Mere Exposure Effect)'를 더하면 첫인상의 전략적 가치가 더욱 분명해진다. 로버트 자이언스(Robert Zajonc)가

밝힌 이 효과는 간단하다. 사람들이 자주 접하는 대상에 호감을 느끼게 된다는 이론이다. 즉, 첫 만남에서 좋은 인상을 남기면, 이후 만날 때마다 그 긍정적 이미지가 강화된다. 반대로 첫인상이 나쁘면, 자주 만날수록 오히려 불편함이 쌓인다.

유치원 짝꿍 이야기로 돌아가면, 첫인상이 좋지 않았지만 매일 함께 시간을 보내며 조금씩 인상이 바뀌었다. 하지만 만약 그 아이가 나를 계속 피했다면? 아무리 시간이 지나도 관계는 시작되지 않았을 것이다.

왜 첫인사가 이토록 중요한가? 첫인사를 잘하는 것은 예의의 문제가 아니다. 이후 관계를 가장 효율적으로 만드는 전략의 문제다. 첫 3초를 잘 활용하면, 나머지 시간이 수월하다. 반대로 첫 3초를 낭비하면, 몇 달의 노력이 필요하다.

호감을 만드는 첫인사의 3요소

거창한 기술은 필요 없다. 단 세 가지만 기억하면 된다.

- 1요소 : 이름 – 귀에 또렷하게 들리도록!

"저는 ○○○입니다."

아주 기본 중의 기본이라 의외로 많은 경우 놓치는 부분이다.

이름이 명확해야 상대가 당신을 기억한다. 중얼거리듯 말하거나 너무 빠르게 말하면 상대는 당신의 이름을 놓친다. 그렇게 되면 첫인사 자체가 실패한 것이다. 분위기에 따라 필요하면 짧은 별명이나 한마디 설명을 덧붙여도 좋다.

> "제 이름은 ○○인데요, 보통 줄여서 △△라고 부르셔도 괜찮습니다."

이렇게 하면 상대도 편하게 당신을 부를 수 있다.

• 2요소 : 역할 – 내가 이 자리에 있는 이유

> "이번 프로젝트에서 ○○부분을 담당합니다."

역할을 명확히 하면 상대는 당신이 어떤 역할을 하는 사람인지 맥락을 얻는다. 당신이 누구인지, 어떤 업무를 할 사람인지를 알게 되면 당신과의 관계를 구성할 수 있다. 역할이 없으면 당신은 단순히 '이름'일 뿐이다. 반면 역할이 명확하면 당신은 '이 팀의 ○○ 역할을 하는 △△△'가 된다.

• 3요소 : 다짐 – 긍정적인 의지를 짧게!

> "빠르게 적응해서 도움이 되겠습니다."

마지막으로 당신의 의지를 보여준다. 긍정적이고 단호한 문장

하나면 충분하다.

이 문장들은 상대에게 당신이 이 자리를 얼마나 소중하게 생각하는지를 전한다.

이 세 가지만 있으면 된다. 문제는 이걸 '형식'으로만 채우느냐, '진심'을 담아 전하느냐의 차이다. 같은 말이라도 진심이 없으면 형식이 된다. 반대로 약간 어색한 말이라도 진심이 담기면, 좋은 첫인사가 된다.

상황별 첫인사 예시

• 01 격식 있는 자리(정식 인사)

"홍보팀 ○○○입니다. 이번에 △△업무를 맡게 되어 기대됩니다. 빠르게 적응해서 도움이 되겠습니다. 잘 부탁드립니다."

• 02 사적인 모임(편한 톤)

"△△분야에서 일하고 있는 ○○○입니다. 이 모임에 참여하게 되길 정말 기다렸어요. 좋은 시간이 되면 좋겠습니다."

• 03 협업 시작 자리(결과 중심)

"안녕하세요. 디자인 파트를 맡게 된 ○○○입니다. 함께 좋은 결과 만들도록 적극적으로 협력하겠습니다."

저자의 경험 – 첫인사에서 태도가 결정된다

언론홍보 업무를 하다 보면 기자, 취재원 등 새로운 사람을 매일 만난다. 매번 첫인사를 한다. 그럴 때 나는 이런 마음가짐으로 인사한다.

"도움이 필요하시면 언제든 편하게 연락 주세요."

이 짧은 문장 하나로 대화의 분위기와 관계의 결이 달라진다. 상대는 내 말에서 협조의 태도를 읽는다.

"나는 당신을 돕고 싶다.", "나는 당신의 의견을 존중한다.", "나는 책임감 있게 일한다."

중요한 건 완벽한 문장이 아니라 그 말에 담긴 진심이다. 짧아도 좋다. 약간 어색해도 괜찮다. 진심이 담긴 첫인사는 언제나 관계의 문을 연다. 나도 처음 공공기관에 입사했을 때, 첫인사는 떨렸다. 하지만 그 떨림을 숨기지 않았다.

그 떨림과 진심이 함께 전해졌을 때 팀은 나를 받아주었다. 첫인사는 말보다 태도로 기억된다. 당신의 태도가 당신의 말이 된다. 사람들은 당신이 말했던 정확한 단어는 기억하지 못한다. 하지만 당신이 그 말을 건넬 때의 태도는 오래 기억한다. 눈을 맞추었는가? 목소리에 진심이 있었는가? 상대를 존중하는 자세로 인사했는가? 이것들이 모두 모여 첫인상이 된다.

직장에서 "서툴다"는 것은 결점이 아니다. 더욱이 신입이 서툰 건 오히려 자연스럽다. 진심 있는 태도로 첫인사를 하면, 그 서툰 모습은 약점이 아니라 겸손함으로 보인다. 반대로 경험 많은 사람도 형식적인 태도로 인사하면 그 경험은 자존심이 되어 관계를 멀어지게 한다.

결국 첫인사에서 중요한 건 말의 내용이 아니다. 당신이 이 조직, 이 관계를 얼마나 소중하게 생각하는지를 보여주는 태도다. 완벽하지 않아도 괜찮다. 진심이 당신의 언어가 되면 첫인사는 성공한다.

말의 현장에서 얻은 깨달음

관계의 문은 완벽한 말로 열리는 게 아니다. 진심 있는 태도로 나를 드러낼 때, 관계의 문은 열린다. 그리고 그 열린 문 너머에는 당신을 믿고 도와줄 많은 사람이 기다리고 있다.

말센스 카드   : 첫인사

 이름 + 역할 + 다짐

"안녕하세요. 오늘부터 △△팀에서 함께하게 된 ○○○입니다.(이름) 이번 프로젝트에서 □□업무를 맡게 되었습니다.(역할) 빠르게 적응해서 도움이 되겠습니다. 잘 부탁드립니다."(다짐)

- 첫인사 쓰기

처음 만날 상황을 가정하고 다음 세 가지를 정리해 보세요.

1. 이름(또렷하게)

  "저는 ____________________ 입니다."

2. 역할(무엇을 할 것인가)

  "____________________ 을 담당합니다."

3. 다짐(긍정적 의지)

  "____________________ 겠습니다."

  → 내 첫인사:

  "____________________"

- 첫인사 말센스 훈련

위에 작성한 내 이름과 역할, 다짐을 거울을 보고 소리 내어
또렷하게 말해보세요.

02 관계의 방을 디자인하는 자기소개

– 말로 나를 디자인하고, 각인시키는 법

예쁜 문 뒤의 창고

길을 걷다 문득 예쁜 문 하나를 마주했다. 정갈한 나무문, 세련된 로고, 입구에 달린 은은한 조명까지. 누가 봐도 분위기 좋은 카페였다. 기대감을 안고 문을 열었다. 그런데 예상치 못한 광경이 눈앞에 펼쳐졌다. 더러운 박스가 쌓여 있고, 먼지가 가득한 창고. '어, 내가 잘못 봤나?' 하는 생각이 스쳤다. 본능적으로 문을 닫고 뒤로 물러섰다.

잠깐의 상상만으로도 우리는 알 수 있다. 문이 아무리 예뻐도 소용없다. 문 뒤의 공간이 깨끗하고 아름다워야 안으로 들어가고 싶은 마음이 생긴다.

자기소개도 마찬가지다. 첫인사가 '문을 여는 일'이라면, 자기소개는 문이 열린 뒤의 나라는 '공간을 처음으로 보여주는 일'이다. 잘 가꿔진 '나'라는 방을 상대에게 보여줘야 한다. 어떤 조명 아래에서, 어떤 톤으로, 어떤 이야기로 '나'를 보여줄 것인지 그 선택이 관계의 방을 디자인한다.

기억에 남지 않는 자기소개, 이미지가 없다

"저는 ○○대학에서 △△을 전공했습니다. 지금 회사에서는 □□업무를 맡고 있습니다. ●●세이고, ■■하는 걸 좋아합니다. 앞으로 잘 부탁드립니다."

우리가 흔히 듣는 자기소개다. 나쁘지는 않다. 하지만 기억에도 남지 않는다. 왜일까?

세 가지 이유가 있다. 우선, 경력과 정보만 나열해 정체성을 충분히 전하지 못한다. 어디 출신이고, 지금 뭘 하고, 뭘 좋아한다는 정보일 뿐이다. 당신이 어떤 사람인지는 알지 못한다. 두 번째, 호기심을 끄는 인상 포인트가 없다. 모두가 다른 정보를 가지고 있더라도 듣는 입장에서는 다 비슷하게 들린다. 상대의 귀에 남지 않는다. 세 번째, 이후 대화로 이어질 계기를 만들지 못한다. 자기소개로 끝이다. 상대는 '그래, 그런 사람이구나'하고 끝낸다. 다음 대화가 없다. 이런 자기소개는 보고서와 다름없다. 정보는 있지만 이미지가 없다. 이미지가 없으면 관계도 시작되지 않는다.

우리는 모두 무대 위의 배우

미국의 사회학자 어빙 고프먼(Erving Goffman)은 인간을 '사회적 무대에서 자신을 연출하는 배우'로 설명했다. 그의 자기현시(Self-Presentation) 이론에 따르면, 우리는 상황에 따라 다른 모습을 보여준다. 회사에서는 '프로페셔널한 나', 친구들 앞에서는 '편안한 나', 처음 만난 사람 앞에서는 '호감 가는 나'. 모두 '나'이다. 거짓은 없다. 그저 상황에 맞춰 나의 다양한 모습 중 하나를 선택해 보여줬을 뿐이다.

고프먼은 이를 연극 무대에 비유했다. 배우가 관객 앞에 서면 연기를 하지만, 무대 뒤로 가면 긴장을 풀고 본래 모습으로 돌아가듯이 우리도 타인 앞에서는 의식적으로 특정한 이미지를 만들어 보여준다. 이를 '무대 앞(front stage)'과 '무대 뒤(back stage)'로 나누어 설명했다. 앞은 타인에게 보이는 공식적인 모습, 뒤는 혼자 있을 때 자연스러운 모습을 의미한다.

진심과 전략 사이, '의도된 진심'

고프먼의 이론처럼 시각을 바꿔야 한다. 어떤 나를 보여줄 것인가를 의도적으로 선택해 자기소개에 담아보자. 그러면 자기소개는 정보를 전달하는 행위가 아니라 상대의 머릿속에 나의 인상을 심는 기회가 된다. 그 인상은 얼마든지 내가 디자인할 수 있다.

만약 자기소개를 어렵게 느낀다면 '진심'과 '전략' 사이에서 갈등하기 때문일지도 모른다. 너무 꾸미면 가식처럼 보이고, 너무 솔직하면 가볍게 느껴질까 고민하는 경우가 많다. 그 사이의 균형을 찾는 게 쉬운 일은 아니다.

말센스가 있는 사람은 이 두 가지를 균형 있게 연출할 줄 안다. 진심을 전하되, 전략적으로 의도해 담는다. 짧은 말 안에서도 자신을 '한 장면'처럼 남긴다. 간결한 소개만으로도 그 사람의 태도와 역할을 한눈에 그린다. 이것이 바로 '의도된 진심'이다.

이런 자기소개에는 공식이 있다. 복잡하지 않다. 3단 구조만 기억하면 된다.

기억에 남는 자기소개 3단 구조

• 1단계 : 나를 정의하는 한 줄 - 직무 + 정체성 담기

직무와 당신의 정체성을 담는다. 상대는 당신이 무엇을 하는 사람인지 업무적인 맥락을 얻는다. 이 첫 줄이 당신의 '정의'가 된다.

"△△팀에서 콘텐츠를 만드는 ○○○입니다."
"홍보팀에서 일하는 ○○○입니다."
"글을 쓰는 콘텐츠 기획자 ○○○입니다."

"디자인으로 이야기를 전하는 ○○○입니다."

• 2단계 : 한 가지 특징 or 경험 – 호기심 포인트 넣기

첫 줄만으로는 부족하다. 여기에 당신만의 포인트를 더해 보자. 당신의 배경, 차별점, 태도 등으로 상대의 호기심을 끌 수 있다.

"공공기관 홍보 담당 경험이 있어 행정 용어 번역이 특기입니다."
"여행을 다니며 사람들의 이야기를 기록하는 걸 좋아합니다."
"팀 프로젝트에서 의견을 조율하는 것을 좋아합니다."

• 3단계 : 연결 멘트 – 대화를 이어갈 여지 만들기

마지막은 열려 있는 문장이어야 한다. 상대가 당신과 대화를 계속하고 싶은 마음이 들도록.

"좋은 인연을 많이 만들고 싶습니다."
"서로의 경험을 나누고 싶습니다."

이 구조를 상황에 맞춰 적용하면 된다. 각 상황에 맞게 톤과 내용을 조정하되 3단 구조는 변하지 않는다.

• **직장 팀 회의**(격식 있는 환경)

"저는 홍보팀의 ○○○입니다. 방송작가와 공공기관 홍보 업무를 거쳐 이 자리에 왔습니다. 앞으로 기획과 글쓰기로 도움이 되겠습니다."

• **네트워킹 모임**(개방적인 환경)

"저는 콘텐츠 기획자 ○○○입니다. 카카오 글쓰기 플랫폼 브런치에서 글을 연재하며, 사람들의 일상 이야기를 기록하는 걸 좋아합니다. 좋은 인연 많이 만들고 싶어요."

• **사적 모임**(친근한 환경)

"저는 여행과 사진을 좋아하는 ○○○입니다. 좋은 이야기 많이 나누고 싶어요. 편하게 지내요."

• **대외 협업**(결과 중심)

"저는 협업 프로젝트를 좋아하는 ○○입니다. 함께 좋은 콘텐츠를 만드는 것에 흥미를 느끼는데요, 좋은 결과를 함께 만들고 싶습니다."

19년 동안 방송 현장과 기업, 공공기관을 오가며 수많은 첫 만남을 경험했다. 브리핑에서, 회의실에서, 행사장에서, 또 취재 현장에서. 그 순간마다 내가 가장 중요하게 생각한 것은 나를 소개하고, 상대방에게도 소개의 기회를 열어주는 과정이었다. 그래서 나는 이렇게 소개한다.

"19년간 말과 글의 현장에서 일해 온 장은희입니다. 방송작가로 시작해 공공기관 홍보를 거치며 '짧지만 진심이 전해지는 문장'을 만드는 일을 하고 있습니다. 오늘 이 자리에서도 좋은 이야기를 나누고 싶습니다."

딱 세 문장이다. 하지만 이 안에는 3단 구조가 모두 담겨 있다.

- 정의: "19년간 말과 글의 현장에서 일해 온"
  → 나는 누구인가?

- 특징: "방송작가, 공공기관 홍보, '짧지만, 진심이 전해지는 문장'을 만드는 일"
  → 내 차별점은?

- 연결: "좋은 이야기를 나누고 싶습니다."
  → 앞으로 어떻게 함께할까?

모든 것이 한눈에 그려진다. 그리고 상대는 나를 기억한다. 단순한 '홍보 담당자'가 아니라, '말과 글로 진심을 전하는 사람' 이라는 이미지로.

좋은 자기소개는 관계의 설계도

첫 만남에서 짧은 인사로만 끝낼 때 관계는 종종 그 자리에 멈췄다. 하지만 좋은 자기소개는 그 이상의 힘을 가진다. 상대가 나를 기억하게 만들고 다음 대화를 기대하게 하고, 관계를 시작하는 설계도가 되어준다.

자기소개는 '나'를 자랑하는 부끄러운 시간이 아니다. 이후의 대화와 신뢰를 만들어가는 '설계의 언어'다. 한 줄의 소개가 진심을 품고 있다면, 그 사람의 말은 이미 관계의 문을 열고 있다.

말의 현장에서 얻은 깨달음

좋은 자기소개는 좋은 관계의 첫 문을 연다. 그리고 그 문 뒤에는 신뢰로 가득한 공간이 있다. 경력이 화려하지 않아도 괜찮다. 당신의 태도와 진심이 있으면, 그것으로 충분하다.

 정의 + 특징 + 연결

"저는 홍보팀의 ○○○입니다.(정의) 방송작가 출신이라 이야기를 글로 풀어내는 걸 좋아합니다.(특징) 앞으로 즐겁게 함께 하겠습니다.(연결)."

자기소개 쓰기

당신만의 자기소개를 3단 구조로 완성해 보세요.

1. 나의 정체성: ___________________________

2. 내 차별점: ___________________________

3. 기대하는 관계: ___________________________

→ 내 '자기소개' 완성

____

자기소개 말센스 훈련

1. 거울을 보며 당신의 3단 구조 자기소개를 소리 내어 말해 보세요.
2. 한두 번이 아니라 5~6번 반복하세요. 어색함이 자연스러움으로 바뀝니다.

03 전화 통화로 신뢰를 만드는 기술

손가락이 멈춘 그날

방송작가로 첫 일을 시작했던 그날의 긴장감을 아직도 잊지못한다. 프로그램에 패널로 출연할 전문가 연락처를 받아 들고 손가락 끝에 힘을 줬다가 풀었다가를 수십 번 반복했다. 버튼 하나 누르는 일이 그렇게 어려운 줄 그때 처음 알았다.

‘이 말을 어떻게 꺼내야 하지?’, ‘혹시 거절하면 그 다음엔 뭐라고 해야 하지?’

머릿속에서만 수십 번 예행연습을 했다. 통화 연결음이 울리고 “여보세요?” 하는 목소리가 들리자 연습한 말들이 모두 사라졌다.

“아… 안녕하세요, 그… 저… ○○방송국인데요…”

목적도 방향도 없이 떠도는 말만 입에서 흘러나왔다. 그러자 상대가 잠시 말을 멈추게 하더니 이렇게 말했다.

그 한마디에 머리가 하얘졌다. 내가 얼마나 두서없이 말했는지, 얼마나 준비가 부족했는지 단번에 깨달았다. 정신을 차리고 더듬더듬 프로그램 취지와 의도를 설명했다. 뜻밖에도 그 전문가는 내 말을 끝까지 들어주었고 출연을 수락했다.

그때 나는 확실하게 한 가지를 배웠다. 좋은 전화 대화란 말을 유창하게 하는 것이 아니라 상대가 정확하고 편안하게 들을 수 있는 태도라는 사실. 그 깨달음은 지금까지도 내 업무와 관계 속에서 변함없이 유효하다.

전화가 두려운 시대

요즘은 유독 전화 통화를 두려워하는 사람들이 많다. 사무실에서도 전화벨이 울리는데 받지 않고 눈치만 보는 직원들을 자주 본다. 옆자리 전화는 물론 자신의 전화도 잘 받지 않는다.

한 번은 후배 직원에게 이유를 물었다. 후배가 조심스럽게 답했다.

그 말을 듣고 알았다. 이건 성격이나 태도의 문제가 아니었다. 준비되지 않은 즉흥 대화에 대한 두려움이었다. 문자와 메신저로 소통하는 세대에게 전화는 준비되지 않은 즉흥의 무대다. 상대의 표정을 볼 수 없고, 목소리만으로 감정과 의도를 파악해야 하기 때문이다.

그렇다 해도 여전히 직장에서 전화는 중요한 소통 수단이다. 보고의 시작, 협업의 출발, 관계의 신호까지. 많은 대화가 전화로 이뤄진다. 그 짧은 순간이 오히려 사람 사이의 신뢰를 쌓는 결정적 기회가 되기도 한다.

우리는 종종 이런 표현을 쓴다. "말투가 기분을 상하게 했다"라거나, "목소리에서 진심이 느껴졌다". 보이지 않아도 전해지는 감정을 심리학에서는 '패러랭귀지(Paralanguage)'라고 부른다. 말의 내용이 아닌 속도나 톤, 강세, 침묵의 간격 등으로 감정과 태도를 전달하는 비언어적 신호를 의미한다.

전화 대화에서는 나의 목소리와 말투가 곧 태도가 된다는 의미다. 같은 "네, 알겠습니다."도 귀찮게 들릴 수 있고, 신뢰감을 느 낄 수도 있다. 말의 내용이 아니라, 말의 온도와 여백이 인상을 결 정하기 때문이다.

조금 더 천천히, 조금 더 낮은 톤으로, 조금 더 상대의 속도를 기다려주는 그 작은 차이가 결국 사람의 마음을 연다. 보이지 않 아도 태도는 전해지고, 그 태도는 결국 '이 사람과 일하고 싶다'는 인상으로 남는다.

그렇다면 전화 통화 공포를 극복하는 방법은 무엇일까? 답은 의외로 단순하다.

전화로 신뢰를 만드는 4단계

즉흥이 두렵다면 즉흥이 아니게 만들면 된다. 전화 통화를 잘 하는 사람에게는 공통점이 있다. 그들은 준비된 구조로 말한다.

• 1단계 : 소속·이름·업무 먼저 명확하게 밝히기

"△△구청 홍보과에서 언론홍보를 담당하는 ○○○입니 다."

명확하게 자신을 밝히는 것은 배려이자 기본 예의다. 한 문장 만으로도 상대는 당신이 누구인지, 어디에서 오는 전화인지, 대화의 목적까지 모두를 짐작할 수 있다. 그러면 상대는 준비된 상태에서 조금 더 편안하게 대화를 시작할 수 있다.

- 2단계 : 무엇을, 어떻게, 왜 순서로 말하기

"○○ 보도자료 건으로 연락드렸습니다. 수정 의견 반영해 다시 보내드리려 합니다."

핵심만 짧게 말하되 이유를 함께 설명하면 대화 맥락이 분명하고 신뢰가 쌓인다. 상대는 '이 사람은 목적이 명확하구나'라고 느낀다.

- 3단계 : 대화가 길어지면 채널 바꾸기

"이 부분은 메일로 정리해 공유 드릴게요."

전화 통화는 깊은 논의나 복잡한 협상에는 적합하지 않다. 길어지는 순간, 감정 소모가 커진다. 그 대신 이메일로 정리하기, 대면 만남 제안하기, 메시지로 세부사항 정리하기 등 소통 채널을 바꿔 효율과 관계를 모두 지킨다.

- 4단계 : 마지막 인사에 배려 담기

"도와주셔서 감사합니다. 혹시 추가로 확인할 부분이 있으면 알려주세요."

짧은 인사이지만 통화 마무리가 상대의 기억 속에는 오래 남는다. 첫인사만큼이나 마무리도 중요하다.

저자의 경험 – 보이지 않는 상황에서 태도 보이기

기자에게 전화를 걸 때 나는 늘 이렇게 시작한다.

"혹시 통화 괜찮으세요?"

아주 간단한 그 한마디에는 깊은 의미가 담겨 있다. '상대의 시간을 존중한다'는 메시지. 상대가 바쁠 수도 있고, 지금 통화하기 힘들 수도 있다는 걸 인정하는 것이다. 그렇게 시작하면 상대도 마음의 여유가 생긴다.

서로의 상황과 공간이 다른 전화 대화에서도 진심은 충분히 전달될 수 있다. 말의 속도, 어조, 여백과 같은 요소가 관계의 온도를 만든다. 보이지 않아도 들리는 마음, 그게 전화 속 말센스의 본질이다. 전화가 두렵다면, 그 이유는 준비 부족 때문이다. 구조를 안다면? 두려움은 자신감으로 바뀐다.

전화를 걸기 전에 이렇게 확인해 보자. 〈전화걸기 4단계 체크리스트〉이다.

① 내 소속, 이름, 업무를 명확히 할 수 있는가?

② 내가 말할 내용을 3문장으로 정리할 수 있는가?

③ 혹시 길어질 상황에서 다른 채널로 돌릴 준비는 되어 있는가?

④ 마무리 인사에 배려를 담을 준비는 되어 있는가?

이 네 가지를 확인한 뒤 전화를 걸면 자신감이 생긴다.

말의 현장에서 얻은 깨달음

전화 대화를 두려워 하지 마라. 준비되지 않은 것을 두려워 하자. 구조를 익히고, 상대를 존중하는 태도를 가지면, 전화는 신뢰를 만드는 가장 빠른 채널이 된다. 그리고 그 신뢰는 다음 만남으로, 더 깊은 관계로 이어진다.

말센스 카드 : 전화 응대

 **명확한 시작 + 분명한 목적 + 따뜻한 마무리**

"안녕하세요, 홍보팀 ○○○입니다.(시작) □□행사 홍보 일정 확인차 연락드렸습니다.(목적) 일정이 확정되면 메일로도 공유드릴게요. 도움 주셔서 감사합니다.(마무리)"

당신이 자주 마주하는 상황을 골라 전화 대화를 만들어 보세요.

1. 상황: ______________________

2. 소속, 이름, 업무: ________________

3. 문장으로 정리한 목적: ______________

4. 마무리 인사: _________________

→ 내 전화 대화 시나리오

____

• 전화 말센스 훈련

1. 전화기를 들고 위의 상황을 실제 대화하듯이 말해 보세요.
2. 특별히 첫 문장과 마무리에 말의 온도를 담기 위해 노력해
보세요.

04 SNS에도 온도가 있다, 해석의 온도

– 오해를 막고, 신뢰를 남기는 디지털 대화법

감정형 기자 vs 정보형 기자

A기자: "ㅎㅎㅎ 오늘 보도자료 완전 대박인데요~"

나: "감사해요! 바로 현장 취재 잡아 볼까요? ^^"

A기자: "너무 급하게 진행되는 거 아니에요? ㅋㅋ"

나: "아, 그런가요…? 취재까진 아니었군요.~"

B기자: "보도자료 확인했습니다."

나: "네, 취재할 만한 내용이면 말씀해 주세요."

B기자: "바로 지면 기사로 낼 생각입니다."

나: "그래 주시면 더 좋지요. 감사드립니다."

평소 자주 오가는 두 기자와의 톡 대화다. A는 감정형 대화를 주로 하고, B는 정보형 대화 방식을 선호한다. 어느 기자와 관계가 더 오래 이어졌을까? 답은 B기자다.

A기자와는 대화 시작이 늘 편안했다. 하지만 막상 업무로 들어가면 사소한 어긋남이 잦았다. 표정도, 억양도 없는 문자 속에서 서로 의도를 다르게 읽었기 때문이다. 예를 들어 내가 "바로 현장 취재"라 했을 때, A기자는 "너무 급하다"고 느꼈다. 나는 A기자의 "급하다"는 말이 그냥 시기의 문제라고 생각했는데, 실제로는 거절의 신호였을 수도 있다. 이런 식으로 작은 오해가 계속 쌓였다.

반면 B기자와의 대화는 다소 차갑고 딱딱했다. 감정이 없어 건조했지만, 오히려 그 간결함 덕분에 일이 명확하게 흘렀다. 정보가 명료했고, 오해가 없었다. 계속되는 확인 메시지도 거의 없었다.

상반된 두 기자 덕분에 나는 알게 됐다. 업무에 있어서는 감정보다 명확함이 관계를 유지시켜 준다는 것을.

말보다 글이 주가 된 시대

요즘 우리는 말보다 글, 즉 텍스트가 주가 된 디지털 대화의 시대를 살고 있다. 직장에서도, 친구 사이에서도, 가족끼리조차 대화의 주요 방식은 '톡'이다. 이제 SNS나 메신저는 말을 대신하는 소통 도구가 되었다.

하지만 글에는 말과 다른 위험이 있다. 표정이 없고, 억양이 없으니 해석의 여지가 많다는 점이다. 같은 문장이라도 읽는 사람의 기분과 상황에 따라 전혀 다르게 받아들일 수 있다. 예를 들어 "알겠습니다"를 찬성이나 불만, 무시로 다양하게 해석할 수 있다. 같은 말도 문맥에 따라 완전히 다른 의미가 된다.

한국인터넷진흥원(KISA)의 조사에 따르면 직장인 68%가 "메신저 대화에서 감정 오해를 겪은 적이 있다"고 답했다. 오해의 원인은 '이모티콘 과다 사용' 34%, '단답·무응답' 27%였다. 하버드 비즈니스리뷰(HBR)도 비슷한 연구 결과를 밝혔다. 감정적 표현이 잦은 대화보다 톤이 일정하고 문장이 단정한 대화가 더 신뢰를 준다는 것이다.

부정확한 내용은 말로는 그냥 넘어갈 수 있더라도 글로 남으면 해석의 대상이 된다. 그래서 디지털 대화 시대의 말센스는 '따뜻하게 쓰는 법'보다 '오해받지 않게 쓰는 법'이 중요하다.

다음 세 가지 원칙은 오해를 막고, 신뢰를 남기는 디지털 대화의 실용 문법이다.

신뢰를 얻는 디지털 대화 3원칙

- 원칙1 : 명확하게

모호한 표현은 상대에게 불확실함으로 남는다. "조만간", "이

따가", "아마" 같은 단어 대신 구체적인 시간과 내용을 명시한다. "넵", "ㅇㅋ", "확인요" 같은 단답도 피한다. 짧더라도 문장을 완성해야 신뢰가 쌓인다.

"조만간 회의 일정 공유드릴게요."
→ "내일 오전 중으로 회의 일정 공유드리겠습니다."
"확인 완료요."
→ "확인했습니다. 오늘 중으로 공유드리겠습니다."
"넵, 알겠습니다!"
→ "내용 확인 후 오후 3시까지 회신드리겠습니다."

• 원칙2 : 감정 표현 자제

"ㅎㅎㅎ", "ㅠㅠ", "헉", "ㅋ" 같은 표현은 업무 상황에서 의도치 않은 오해를 만든다. 감정보다 행동이 담긴 문장이 프로답다. 이모티콘도 마찬가지다. 😊 😠 등은 상대의 상황과 감정에 따라 완전히 다르게 읽힐 수 있다. 따뜻함은 그림이 아니라 맑은 문장과 명료한 문맥에서 나온다.

"헉ㅠㅠ 늦었어요!"
→ "지연된 점 죄송합니다. 바로 수정하겠습니다."

"오늘 회의 안 하죠? 😊 "

→ "오늘 회의는 취소된 것으로 알고 있는데, 맞나요?"

• 원칙3 : 업무와 사적 관계 구분

같은 부서, 친한 선배라 해도 메신저에는 '대화의 기록'이 남는다. 사적 톤은 따뜻함을 만들지만 신뢰의 언어는 아니다. 직장 대화에서는 친근함보다 명료함, 친밀감보다 정확함이 기본값이어야 한다.

"여기 자료 갑니다~!!!! ㅎㅎㅎ"
→ "오늘 회의자료 전달 드립니다. 확인 부탁드립니다."
"ㅋㅋ 어제 회의 완전 대박이었잖아요!"
→ "어제 회의 내용 정리해 공유 드려요."

저자의 경험 - 메신저를 쓸 때 배려

나는 메신저를 쓸 때 일부러 속도를 늦춘다. 그리고 보내기 전에 한 번 더 읽는다. 혹시 내 의도와 다르게 해석되지는 않을까? 상대가 다시 묻지 않아도 이해할 수 있을까? 이것을 점검한다. 그 짧은 멈춤이 바로 디지털 시대의 배려다.

문장 하나하나에 정확함과 책임을 담는 자세, 텍스트 속 말센스는 따뜻함보다 정확함에서 시작된다. 감정을 덜어내고, 모호함을 지우고, 상대가 다시 묻지 않아도 되는 문장을 쓰는 것. 그게 바로 보이지 않는 대화 속에서도 신뢰를 지키는 디지털 시대에 필요한 말센스다.

요즘 우리 대화는 말보다 글로 이루어진다. 업무 보고도, 협업 요청도, 감사 인사도 모두 텍스트로 하는 게 익숙하다. B기자와 내가 오래 일할 수 있었던 이유는 감정적이고 따뜻해서가 아니었다. 명확했기 때문이다. 메시지 하나에 불필요한 해석의 여지가 없었고, 그래서 관계가 이어졌고 신뢰가 쌓일 수 있었다.

대화창 속 글자는 그냥 문자가 아니다. 한 사람의 태도이자 신뢰의 기록이라는 점을 기억하자.

말의 현장에서 얻은 깨달음

메신저의 한 문장이 당신의 태도를 보여준다. 그것이 글로 말하는 시대의 말센스다. 따뜻함보다 정확함. 감정보다 정보. 디지털 시대에 말로 신뢰를 남기는 방법이다.

말센스 카드 : SNS·메신저 대화

 명확 + 감정 자제 + 공사 분리

① 잘못된 예시: "조만간 다시 연락드릴게요~ㅎㅎ"
② 올바른 예시: "내일 오전 중으로 다시 연락드리겠습니다."

아래 문장을 SNS·메신저 말센스 3원칙에 맞춰 고쳐보세요.

1. "조만간 다시 연락드릴게요."

   → ___________________________

2. "헉 ㅠㅠㅠ 늦게 봤어요!"

   → ___________________________

3. "넵, 알겠습니다!"

   → ___________________________

• 메신저 말센스 훈련

1. 당신이 최근에 보낸 메시지 3개를 살펴보세요.

2. 3원칙(명확/감정 자제/공사 분리)에 맞춰 수정해 보세요.

05 말하기 전에 잠깐! 나를 점검하는 질문들

– 실수를 줄이는 말 습관 훈련법

회의 중 신입 직원의 제안

어느 날 회의 중 신입 직원이 조심스럽게 의견을 꺼냈다.

"이렇게 접근하면 어떨까요?"

나는 별생각 없이 대답했다.

"그건 예전에 다 해봤던 거예요."

경험을 공유한 것뿐이었다. 하지만 순간, 그 직원의 표정이 굳는 게 보였다.

회의가 끝나고 자리로 돌아오는데 동료가 조용히 말했다.

"아까 그 말, 좀 차갑게 들리더라."

'아차' 싶었다. 나는 정보를 전달했을 뿐인데 상대는 거절로 들었을 수도 있겠구나. 아니나 다를까 그날 이후 그 직원은 회의에서 말을 아꼈다.

그 일 이후 말을 곱씹어 보는 버릇이 생겼다. '내가 오늘 한 말 중에 꼭 필요했던 말이 얼마나 될까?'. 대답은 간단했다. '생각보다 적다.' SNS 대화에서도, 회의 자리에서도 결국 말은 타인보다 나를 먼저 비춘다. 앞 장에서 다룬 '해석의 온도'가 상대의 문제였다면 이번 장은 '표현의 방향'을 나 자신에게 묻는 이야기다.

말하기 전에 '내 말이 지금 어떤 얼굴을 하고 있는가'를 점검하는 방법이다.

3초, 말 점검

- 1초. 지금, 꼭 이 말을 해야 할까?

'상대가 듣고 싶어 하는 말인가, 아니면 내가 하고 싶은 말인가?'

기자와 일하다 보면 여러 매체가 있다 보니 하나의 취재 내용을 반복해 요청하는 경우가 흔하다. 한 번은 기자에게 이런 말을 했다.

"그 내용은 다른 언론사에서 이미 다뤘어요."

기자가 기분 나쁜 표정을 지었다. 내가 전하고 싶었던 건 중복 취재를 피하려면 다른 각도로 접근해 보자는 의미였는데, 기자는 내 말을 거절처럼 들었다.

이렇게 말했다면 어땠을까.

"이번엔 조금 특별한 방식으로 취재해 보시면 어때요?"

아마 전혀 다른 반응이 나왔을 것이다. 말의 성공은 무엇을 말하느냐가 아니라, 어떻게 전달하느냐에 달렸다.

- 2초. 이 말은 누구를 위한 말일까?
'정보 전달인가, 감정 배출인가?'

어느 날, 후배가 이렇게 말했다.

"주임님, 요즘 너무 힘들어요. 일도 다 저만 하는 것 같고요."

이 말은 공감을 원하는 표현이었다. 하지만 듣는 내 입장에서는 당황스러웠다. 어떻게 답해야 할까? 업무 해결책을 제시해야 할까? 위로를 해야 할까?

직장에서 감정 표현은 때로 관계의 짐이 된다. 직장의 언어는 감정보다 목적을 먼저 세워야 한다. 감정은 나중에 풀어도 되지만 신뢰는 한 번 흐트러지면 회복이 어렵다.

나 역시 마찬가지다. 피곤한 날, 무심코 이런 말을 한 적이 있다.

"이거 어쩌다 이렇게 됐어요? 또 제가 다시 해야겠네요."

내 피로를 표현한 것뿐이었다. 하지만 옆의 동료는 비난으로 받아들였을지 모른다.

• 3초. 지금 내 말투는 어떤 모습일까?

'단어는 옳은데, 어조가 차갑진 않은가?',
'내 말이 누군가의 기분을 상하게 하고 있진 않을까?'

한 번은 협업 부서에 전화를 했다.

"이 부분은 최대한 빨리 수정이 필요해 보이네요."

몇 시간 후 부서 담당자가 조심스럽게 메신저를 보내왔다.

나는 사실만 전달했다고 생각했는데, 상대는 질책으로 받아들였다. 말의 끝을 둥글게 말하면 상대의 마음도 둥글게 남는다.

같은 "수정이 필요해요"도 명령처럼 들릴 수 있고 제안처럼 들릴 수도 있다. 어조에 따라 많은 게 달라진다.

• 하루 3분, 내 말을 돌아보는 습관

나는 매일 저녁, 그날 내가 한 말 중 '가장 후회되는 한 문장'을 골라 점검한다. 그리고 세 가지를 내게 묻는다. 다음 문장을 예로 들어본다.

"그건 좀 비효율적인 것 같은데요."

나는 이렇게 점검했다.

✔ 굳이 안 해도 되는 말은?
　　→ '비효율적'이라는 부정의 말버릇
✔ 상대의 반응은?
　　→ 후배의 위축된 표정

이 짧은 점검만으로도 다음 날 내 말이 달라진다. 말 습관을 바꾸는 건 거창한 훈련이 필요한 게 아니다. 하루 3분, 내 말을 돌아보는 것만으로도 충분하다.

많은 사람들이 "나는 원래 말이 직설적이야."라고 말한다. 하지만 말의 방향은 성격이 아니다. 태도에서 비롯된다. 직설적인 사람도 부드럽게 말할 수 있고, 조용한 사람도 자신감 있게 말할 수 있다. 중요한 건 어떻게 들릴까를 진지하게 생각해 보는 마음이다. 그 잠깐의 멈춤이 실수를 줄이고, 관계를 만든다.

내가 오늘 누군가에게 상처를 주었다면, 그것은 내가 말하기 전에 3초를 생각하지 않았기 때문이다. 반면, 내가 오늘 누군가를 웃게 했다면 그것은 내가 그 말이 어떻게 들릴까를 잠시라도 생각했기 때문이다.

말은 돌이킬 수 없다. 한 번 던져진 말은 상대의 마음에 자국을 남긴다. 그래서 말하기 전의 3초는 누군가의 하루를 바꾸는 작은 힘이 될 수 있다.

말의 현장에서 얻은 깨달음

당신이 무심코 던진 말이 누군가에게 오래 남는 상처가 될 수 있다. 반대로, 당신의 따뜻한 한 마디가 누군가의 하루를 지탱하는 힘이 될 수 있다. 그 차이는 말하기 전 3초에 있다.

말센스 카드　　　　　　　　　: 말하기 3초 전 체크리스트

✔1초: 지금 꼭 필요한 말인가?

✔2초: 이 말은 누구를 위한 것인가?

✔3초: 말의 표정은 어떤가?

1장 1년 차 신입을 위한 첫인상 말센스

1. 불필요한 말
오늘 내가 한 말 중 '굳이 안 해도 됐던 말'은?

내가 한 말: "＿＿＿＿＿＿＿＿＿＿＿＿＿＿＿＿＿＿＿"
더 나은 표현: "＿＿＿＿＿＿＿＿＿＿＿＿＿＿＿＿＿＿"

2. 상대의 반응
오늘 누군가의 표정이 굳었던 순간이 있었나?

그때 내 말: "＿＿＿＿＿＿＿＿＿＿＿＿＿＿＿＿＿＿＿"
상대의 반응: "＿＿＿＿＿＿＿＿＿＿＿＿＿＿＿＿＿＿"

3. 내 말투
오늘 내가 '차갑게' 또는 '명령조로' 말했던 순간은?

그때 내 말: "＿＿＿＿＿＿＿＿＿＿＿＿＿＿＿＿＿＿＿"
따뜻한 표현: "＿＿＿＿＿＿＿＿＿＿＿＿＿＿＿＿＿＿"

• 말하기 전 3초 훈련
1. 오늘 하루, 말하기 전에 '3초 멈춤'을 의식해 보세요.
2. 특히 업무 회의나 중요한 대화 2~3개에 집중하세요.

2장

5년 차 과장을 위한
실무 말센스

일머리보다 중요한 건
말머리다

01 회의 첫 멘트, 리더보다 먼저 말하는 용기

– 첫 10초가 결과의 90%를 결정한다

발언의 무게가 달라지는 직장 5년 차

한 직장에서 5년 차가 넘으면 조금씩 무게감이 생긴다. 팀의 방향을 제시하고, 후배의 보고를 정리하며, 타 부서와 협업 기술도 생긴다. 공식적인 발언 기회가 본격적으로 주어진다. 리더 대신 회의의 물꼬를 트는 역할까지 맡게 된다.

여기서 중요한 변화가 일어난다. 신입일 때는 회의에서 말을 적게 해도 괜찮았다. 하지만 5년 차는 다르다. 조용하면 '경험이 아직 부족한 건가...?'라는 시각이, 말이 많으면 '튀어 보이려고 너무 노력하는 거 아냐?'라는 평가가 따라온다. 같은 발언도 연차에 따라 다르게 읽힌다.

특히 회의 자리에서 필요한 건 말을 많이 하고 적게 하는 자세가 아니다. 먼저 말하는 용기다. 리더가 아닌 중간자 입장에서 보여줄 수 있는 용기. 회의의 시작을 넘어 방향을 정하는 신호의 첫 멘트를 할 수 있다.

가장 흔한 시작이 가장 힘없는 시작

"자, 그럼… 시작하겠습니다." 직장인이라면 회의에서 한 번쯤 들어본 말. 그런데 가장 흔한 시작이 가장 힘없는 시작이기도 하다. 목적도, 맥락도, 온기도 없는 말이다. 회의를 여는 순간부터 참여자들의 집중이 흐트러진다.

비슷한 표현도 많다. "자료는 다 보셨죠?", "일단 자료부터 보시죠.", "이 자리가 왜 필요한지는 다들 아실 테고…", "바로 본론으로 들어가서…" 등등.

모두 공통점이 있다. 무엇을, 왜, 어떻게 논의할지가 빠져 있다. 회의를 여는 말은 진행 신호를 넘어 목적을 제시하는 첫 문장이어야 한다. 회의의 첫 멘트에 '이 회의가 왜 중요한가'가 담기지 않으면, 회의는 시작과 동시에 길을 잃는다.

경험으로 배운 첫 멘트의 힘

공공기관에 처음 발을 디디고 얼마 안 됐을 때였다. 어느 날 우리 부서의 여러 팀이 모여 홍보성과 공유 회의를 열었다. 나는 아직 조직의 문화도, 사람들 일 하는 방식도 낯설던 시절이었다.

회의실에 들어갔을 때 한 팀장의 말 한 마디가 회의 분위기를 만들었다.

"오늘은 지난달 홍보성과와 다음 달 계획을 함께 점검하겠습니다."

단 한 문장이었지만 회의의 목적이 명확했다. 팀장의 말이 끝나자마자 직원들은 수첩과 펜을 꺼냈고, 집중하기 시작했다. 누군가는 메모를 준비하고, 누군가는 자신의 보고 포인트를 정리했다. 모두가 같은 방향을 향했다.

회의가 끝나고 생각해봤다. 만약 팀장이 "그럼 시작하겠습니다."라고만 했다면? 아마 그 전의 많은 회의처럼 흐지부지 끝났을 것이다. 서로 다른 이야기가 오고 갔을 것이고, 결국 결론 없이 마무리됐을 것이다.

그때 깨달았다. 말머리를 잡는 사람이 일머리를 잡는다는 것을.

첫 말의 방향이 없으면 회의도 길을 잃는다

직장인 중 회의를 좋아하는 사람은 거의 없다. 이유는 단순하다. 회의가 결론 없이 흐지부지 끝나기 때문이다. 한 직장인 네트워킹 플랫폼(리멤버, 2023년) 조사에서도 직장인 10명 중 7명은 "회의가 길어진 이유"로 '주제 불명확'과 '결론 없음'을 꼽았다.

맞다. 회의가 길어지는 건 참여자의 집중력 문제도, 안건의 복잡성 때문도 아니다. '첫 말의 방향'이 없기 때문이다.

나 역시 마찬가지였다. 내 첫 멘트가 얼마나 약했는지 몰랐다. "그럼, 지난번 건에 대해서 의견 들어볼까요?"라고 시작한 회의는 10분이면 될 것을 30분으로 연장시켰다. 그 이유를 한참 후에야 깨달았다. 시작이 명확하지 않으니 다들 각자 다른 얘기를 하고 있었던 것이다.

> "오늘 회의는 앞으로 있을 축제 홍보안을 정리하기 위한 자리입니다. 20분 안에 아이디어만 모으고, 실행안은 다음 회의에서 확정하겠습니다."

이렇게 시작하는 회의는 다르다. 한 문장만으로 목적, 시간, 결과가 명확해진다. 참석자들은 '오늘 무엇을 해야 하는가'를 알고 집중한다. 그리고 신기하게도, 회의는 예정된 시간 안에 끝난다.

프레이밍 효과: 첫 문장이 결정하는 회의의 방향

여행사 직원이 깃발을 들고 방향을 제시하면 사람들은 자연스럽게 그 방향으로 움직인다. 그런데 깃발이 없는 단체 관광을 상상해 보자. 누군가는 기념품점을 기웃거리고, 누군가는 화장실로, 또 누군가는 사진 찍느라 멀어진다. 시간만 흘러가고 아무도 목적지에 도달하지 못한다.

회의가 길어지는 이유도 똑같다. 처음부터 여행사 깃발처럼 '이 회의의 목적'을 들어 올리지 않으면 각자 다른 길로 흩어진다. 회의의 첫 멘트는 그 깃발이다. 그 한 문장이 목적지를 정하고, 참석자들의 사고를 한 방향으로 모은다.

이것이 바로 심리학의 '프레이밍 효과(Framing Effect)'다. 같은 정보도 '어떻게(frame) 제시하느냐'에 따라 사람의 판단이 달라진다는 이론이다. "성공률 90%"라고 하면 긍정적으로, "실패율 10%"라고 하면 부정적으로 느끼는 것처럼. 회의도 같은 원리다. 첫 문장이 회의의 프레임을 만든다. '문제 해결의 자리'로 시작하면 사람들은 협력의 태도로 임하고, '결론을 내야 하는 자리'로 열면 발언은 짧고 실용적으로 바뀐다. 하지만 프레임이 없는 회의는 서로 다른 방향으로 걷는 단체 관광이 될 수 있다.

결국 회의의 길이는 발언의 양이 아니다. 방향의 유무가 결정한다. 깃발 없는 단체 관광이 길어지듯이 방향 없는 회의는 끝나지 않는다.

회의 첫 멘트 3요소

1. 목적: 왜 모였는가를 한 줄로

회의의 출발점은 '무엇을 논의하기 위해 모였는가'이다. 참석자들이 이 한 문장을 듣는 순간, 자신의 역할과 발언 포인트를 자연스럽게 정리한다. 회의의 목적을 명확히 말하는 것만으로도 참석자들은 이미 결론을 향해 준비된 상태가 된다.

> "오늘 회의에서는 ○○프로젝트 진행 현황을 공유드리겠습니다."
> "이번 회의는 예산 검토와 후속 일정 조율을 위한 자리입니다."

2. 가치: 왜 중요한지 한 문장으로

회의가 절차로만 끝나지 않으려면 '이 회의가 왜 의미 있는가'를 짚어야 한다. 가치가 전달된 회의에는 참여 의지가 생긴다. 가치를 함께 공유하는 순간, 회의는 '누가 시켜서 하는 일'이 아니라 '내가 참여해야 할 일'이 된다.

> "이번 논의 결과에 따라 다음 달 행사 예산이 결정됩니다."

“오늘 안건은 신규 사업 방향과 직결되어 있습니다.”

3. 분위기: 긍정 에너지로 여는 한 줄

좋은 회의는 긴장감보다 편안함에서 시작된다. 가벼운 유머나 따뜻한 멘트 한 줄이 분위기를 바꾼다. 긍정적인 시작으로 ‘이 회의가 편안하다’는 신호를 준다. 그 작은 여유가 발언을 유도하고, 아이디어를 이끌어낸다.

“맛있는 점심이 기다리고 있습니다. 집중해서 빠르게 진행하겠습니다.”
“직급 상관없이 자유롭게 의견 주시면 좋겠습니다.”

상황별 첫 멘트 예시

- 정기회의

“오늘은 지난달 홍보성과와 다음 달 주요 일정을 공유 드리겠습니다.”

- 긴급회의

“이번 회의는 ○○이슈 대응 방향을 신속히 논의하기 위해 마련했습니다.”

- 협력사 미팅

"오늘은 지난 협업 결과와 남은 일정 조율을 위해 모였습니다. 편하게 의견 부탁드립니다."

- 성과 발표

"○○프로젝트 결과를 드디어 공유드립니다. 함께 수고해 주신 분들께 감사드립니다."

- 문제 해결 회의

"지난주 ○○이슈에 대해 어떻게 개선할지 함께 논의하는 시간입니다. 솔직한 의견 부탁드립니다."

- 브레인스토밍

"○○프로젝트를 위한 아이디어 회의입니다. 모든 의견이 환영입니다. 편하게 얘기해 주세요."

피해야 할 회의 첫 멘트

"자, 그럼 시작하겠습니다."

→ "오늘은 ○○를 함께 논의하는 시간입니다."

"지난번 안건 이어서…"

→ "지난 회의에서 미완료된 안건을 정리하고, 새로운 방
향을 제시하겠습니다."

"다들 자료 봤죠?"

→ "자료를 함께 검토하면서 의견을 나누겠습니다."

"긴 회의가 될 것 같은데…"

→ "예정된 시간 안에 효율적으로 진행하겠습니다."

저자의 경험 – 회의의 질은 시간이 아닌 첫 말에서

방송작가로 일하던 시절, 매주 기획 회의가 이어졌다. 짧게는
2시간, 길게는 하루를 넘기는 경우도 있었다. 우리 팀은 조연출에
게 회의를 진행해 달라고 자주 졸랐다. 담당 PD 못지않게 일 좀
한다고 칭찬받던 인물이었다.

유독 그가 회의를 이끌면 예상하지 못한 좋은 아이디어가 나
왔다. 팀원들의 참여도 달랐다. 그가 애용하던 마법 같은 회의 멘
트가 있었다.

"다음 주 방송 아이템을 확정 짓는 자리인 거 아시죠? 늘
말하지만 오답은 없다는 거! 편하게 다 꺼내놓고 좁혀 보
자고요."

우리 회의의 성공 여부는 얼마나 오래 하느냐가 아니었다. 어떤 말로 시작했느냐였다. 그의 한 문장에는 회의 목적, 가치, 분위기가 모두 담겨 있었다.

회의의 질은 참여자의 수가 아니라, 첫 말의 명확함에 달려 있다. 먼저 말하는 용기, 명확하게 말하는 기술, 그리고 듣는 사람을 배려하는 태도만 있으면 누구나 회의를 이끌 수 있다.

말의 현장에서 얻은 깨달음

누구나 회의를 주도할 수 있다. 리더의 권한이 아니라, 명확한 목적과 따뜻한 태도로 가능하다. 당신의 첫 한 문장이 회의의 방향을 정하고, 팀을 모은다.

말센스 · 카드 : 회의 첫 멘트

 목적 + 가치 + 긍정

"오늘 회의에서는 ○○프로젝트 진행 상황과 다음 단계 계획을 공유드리겠습니다.(목적) 이번 안건은 다음 달 행사 준비와 직결됩니다.(가치) 편하게 의견 주시면 좋겠습니다.(긍정)"

- 회의를 주도하는 첫 문장 만들기

당신이 회의를 진행해야 한다고 가정하고 첫 멘트를 준비해
보세요.

1. 회의 상황

   회의명: _____________________

   참석자: _____________________

   회의 목적: ___________________

2. 3요소로 첫 멘트 만들기

   1) 목적: "오늘 회의에서는 _______________"

   2) 가치: "이 안건은 _______________"

   3) 분위기: "편하게 _______________"

   → 최종 첫 멘트:

     " _______________________"

- 회의 첫 멘트 말센스 훈련

위에 준비한 3요소(목적/가치/분위기)를 정리해 자신감 있게
말하세요.

02 보고의 시작은 설득의 말로

– 기승전결이 아니라, 결론-근거-요청이다

방송국에서 배운 보고의 기술

새로운 방송 프로그램이 만들어질 때는 기업의 상품 기획과 비슷한 과정을 거친다. 시작은 언제나 기획안이다. 하지만 수십 개의 제안이 올라와도 결정권자가 문서만 보고 '좋다'고 하는 경우는 거의 없다. 진짜 결정은 말의 자리에서 이뤄진다.

방송작가 2년 차 때 함께 일하던 PD는 설득을 잘하기로 유명했다. 그를 따라다니며 그의 보고 방식을 관찰하곤 했다. 그는 기획서를 낭독하지 않았다. 대신 핵심을 먼저 꺼냈다.

한 번은 가을 개편을 앞두고 교양국 국장이 직접 참석한 기획 회의가 열렸다. 여러 기획서를 검토하던 중, 그 PD가 던진 한 문장으로 우리가 준비한 프로그램은 즉석에서 확정됐다.

"시청률이 아니라, 사람들의 하루를 바꾸는 프로그램을 만
들고 싶습니다."

길고 자세한 기획안보다 그 한마디가 훨씬 강했다. 국장의 눈
빛이 달라졌고, 표정도 풀렸다. 그 순간 알았다. 보고는 글로 준비
하지만, 완성은 말로 한다는 사실을.

그 경험 이후 나는 보고 방식을 완전히 바꿨다.

문서에는 정보가, 말에는 설득이 남는다

직장에서 보고는 거의 매일이다. 상사에게, 팀원들에게, 협력
사에. 상황은 다르지만 보고의 목적은 항상 같다. 누군가의 판단
과 결정을 움직이는 것.

보고는 대부분 문서로 한다. 여기가 함정이다. 문서에는 정보
는 담을 수 있지만 인상은 담을 수 없다. 같은 내용도 글보다 말로
하면 더 설득력이 생기는 이유다. 그래서 문서는 정보를 전달하
고 말은 결정을 움직인다. 안타까운 현실은 많은 직장인이 이 부
분에서 막힌다는 점. 내용은 알지만 말로는 정리가 안 되고 상사
앞에서 말문이 막힌다. 이걸 말하기 능력 부족이라고 생각하는데
진짜 문제는 말의 순서를 모르는 데 있다.

학창 시절 우리는 논리적인 글쓰기 방법으로 기승전결을 배웠다. 도입부터 천천히 쌓아올려 결론에 도달하는 구조. 그게 좋은 설득의 글이다. 하지만 보고의 말은 다르다. 결론부터 시작해야 한다.

인상을 남기는 보고의 말 3단 구조

사람들은 "그래서 결과가 뭔데요?"를 가장 궁금해한다. 결론이 선명해야 집중이 생긴다. 복잡한 설명은 나중이다. 핵심을 먼저 꺼내자. 짧고 단호한 한 문장이면 충분하다.

- 1단계 : 결론부터 말한다

결론은 명확하고 구체적이어야 한다. "잘 진행되고 있습니다."는 결론이 아니다. 무엇이, 얼마나 진행되고 있는지 명시해야 한다.

"이번 캠페인은 잘 진행되고 있습니다."
　→ "이번 캠페인은 목표 대비 120% 달성했습니다."
"차질 없습니다."
　→ "현재 프로젝트 진행률은 75%이고, 예정대로 월
　　 말 완료될 예정입니다."
"반응이 좋습니다."
　→ "이번 교육 프로그램의 참여자 만족도는 92%입니다."

결론을 강하게 시작하면, 듣는 사람은 마음의 준비를 한다. "좋은 소식이구나." 또는 "문제가 있는 상황이구나."라는 판단이 생기고, 이후 근거를 받아들일 준비가 된다.

- 2단계 : 근거로 신뢰를 쌓는다

결론 뒤에는 반드시 근거가 뒤따라야 한다. 중요한 것은 모든 근거를 다 말할 필요는 없다는 점이다. 숫자, 과정, 사례 중 하나만 구체적으로 말해도 충분하다.

· 근거 유형 1: 숫자 기반

"3개월간 200명이 참여했고, 만족도는 92%였습니다."
"홍보 영상은 예상 조회 수의 두 배를 기록했습니다."

· 근거 유형 2: 과정 기반

"일정은 예정대로 진행했고, 품질 점검을 두 번 거쳤습니다."
"담당자 두 명이 집중적으로 대응해서 지연 요소를 최소화했습니다."

· 근거 유형 3: 사례 기반

"영업팀이 6개월 전 고객 상담 프로세스를 개선하니, 계약 체결 시간이 단축되고 고객 만족도도 올라갔습니다."

"참여자 중 한 분이 '실제 업무에 바로 적용할 수 있었다'고 피드백을 주셨습니다."

핵심은 "왜 당신의 결론을 믿어야 하는가."를 설득하는 것이다. 한두 가지 근거로도 충분하다. 구체적이고 명확할수록 듣는 사람은 더 신뢰한다.

• 3단계 : 요청으로 마무리한다

보고는 끝내는 말이 아니라 행동을 이끄는 말이다. 상사의 결정을 유도하는 행동의 언어를 써야 한다. 여기서 많은 직장인이 실수한다. "검토해 주세요." 정도로 끝내는데, 그건 요청이 아니다. 요청은 구체적이어야 한다. "무엇을", "언제까지", "어떤 방식으로" 이 세 가지가 명시되어야 한다. 요청이 구체적일수록 실제 행동으로 이어질 확률이 높다.

"다음 분기에는 예산 10% 증액을 검토해 주시면 감사하겠습니다."
"현장 인력이 부족해, 월말까지 추가 파견 지원을 요청드립니다."
"이번 주 목요일까지 의사결정을 부탁드리고 싶습니다."

상황별 보고의 말 예시

• 성과 보고

결론: "결론부터 말씀드리면, 참여자 200명 중 85%가 만족했습니다."

근거: "특히 영상 제작 기회에 대한 호응이 높았고 다음 분기 모집까지 이어졌습니다."

요청: "이 경험을 바탕으로 더 큰 규모의 프로젝트 진행을 건의드립니다."

• 이슈 보고

결론: "현재 가장 큰 문제는 일정 지연입니다."

근거: "원인이 외주 승인 절차로 확인돼서 이번 주 중 보완을 완료할 예정입니다."

요청: "최종 마감은 예정대로 진행될 수 있도록 승인 부탁드립니다."

• 승인 요청

결론: "결론적으로 일정 변경이 불가피합니다."

근거: "현재 상황으로는 일정 유지가 어려운 상태입니다."

요청: "인력 보충안 검토를 이번 주 내로 부탁드립니다. 결정되는 즉시 실행하겠습니다."

실패하는 보고의 공통점

1. 보고서를 그대로 읽는 경우

가장 흔한 실패 패턴이다. 출력된 종이에 시선을 고정한 채 참석자들 눈도 마주치지 않고 읽기만 한다. 이런 경우 '생각 없는 전달자'로 인식되기 쉽다. 보고는 낭독이 아니라 설득의 언어라는 점을 기억하자.

보고서는 참고 자료일 뿐이다. 핵심은 당신의 목소리, 당신의 눈맞춤, 당신의 신뢰도다. 문서로 다 전달된 내용이라면, 말로는 당신의 의견과 태도를 전달해야 한다.

2. 배경부터 길게 말하는 경우

"이 사업은 3월부터 준비했고, 4월에 팀을 꾸렸고, 5월부터 운영했는데…"

이런 말로 시작하는 보고는 결론에 도달하기도 전에 집중이 흐려진다. 배경 설명이 길수록 결론의 힘이 약해진다.

실제 보고에서 배경은 그 정도로 중요하지 않다. 필요한 사람은 이미 알고 있고, 필요 없는 사람은 듣고 싶어 하지 않는다. 짧은 결론 뒤에 필요한 배경만 간결하게 덧붙이는 게 좋다.

3. 요청이 모호해 실행으로 이어지지 않는 경우

"검토해 주시면 감사하겠습니다."는 말로 끝나는 보고는 다음을 기약할 수 없다. 무엇을, 언제까지, 어떤 방식으로 검토해 달라는 건지 모른다. 요청이 모호할수록 실행 가능성은 낮아진다. 요청이 구체적일수록 실제 행동으로 이어질 확률이 높아진다.

저자의 경험 - 보고가 신뢰를 만든다

공공기관에 오면서 깨달은 게 하나 있다. 보고의 중요성이다. 신입 때는 "잘했습니다" 정도면 괜찮았다. 하지만 5년 차, 6년 차가 되니 달라졌다. 같은 성과도 보고 방식에 따라 평가가 완전히 다르다. 상사가 나를 보는 눈도 달라진다.

처음에는 나도 배경부터 길게 설명했다. "사실 지난달에 이런 일이 있어서, 이번에 이렇게 진행하게 됐는데요..."라는 식으로. 그런 보고는 언제나 상사의 피드백이 길었다. 왜냐하면 결론이 명확하지 않았기 때문이다.

어느 날 상사가 나를 불렀다.

"장 주임 보고는 배경은 길고 결론은 약해. 결과부터 말해 봐. 그다음에 근거를 대고, 마지막에 뭐가 필요한지 말해."

그 조언을 따라 보고 방식을 바꿨다. 결론부터 던지고, 근거로 신뢰를 쌓고, 마지막에 명확한 요청으로 끝냈다. 결과는 명확했다.

같은 내용인데도 상사의 반응이 달랐다.

같은 내용으로 "검토해 주시면 감사하겠습니다."라고 했을 때는 "좀 더 생각해 보고"라는 답변이 나왔다. 하지만 "이번 주 내로 일정 검토해 주시고, 최종 결정 부탁드립니다."라고 명확히 요청하니, 상사는 그 즉시 검토를 시작했다.

제대로 된 보고가 가능해지니 알게 됐다. 직장에서 자신의 평가를 높이는 것은 '일머리'가 아니라 '말머리'다. 보고를 잘하는 사람이 신뢰받는다. 보고를 잘하는 사람이 빠르게 성장한다.

보고는 설득의 기술이 좌우한다

직장 생활을 어려워하는 이유를 "일이 많아서"라고 생각한다. 하지만 진짜 이유는 다르다. '일머리'보다 '말머리'가 없어서다. 일은 익숙해지면 손이 기억한다. 반복하다 보면 패턴이 보이고, 결국 누구나 어느 정도 수준까지는 올라간다. 하지만 보고의 말은 매번 새로운 상황에서 입을 열어야 한다. 프로젝트마다 다르고, 상황마다 다르고, 듣는 사람도 다르다. 같은 내용도 어떻게 말하느냐에 따라 완전히 다른 결과를 만든다. 결국 보고의 핵심은 정리의 기술이 아니라 설득의 기술이라는 점을 인식해야 한다.

보고를 잘하는 사람은 보고서를 잘 쓰는 사람이 아니다. 사람을 움직이는 말을 할 줄 아는 사람이다.

말의 현장에서 얻은 깨달음

직장에서 자신의 평가를 높이는 것은 '일머리'가 아니라 '말머리'다. 결론부터 시작하는 그 한 문장이, 당신의 업무 평가를 바꾼다. 문서는 '일의 흔적'을 남기고 말은 '일의 신뢰'를 만든다.

말센스·카드 : 보고의 말

🔔 결론 → 근거 → 요청

"결론부터 말씀드리면, 이번 교육은 목표 대비 120% 달성했습니다.(결론) 참여자 200명 중 92%가 만족했고, 특히 실무 적용도가 높다는 평가였습니다.(근거) 다음 분기에는 프로그램을 확대 운영할 수 있도록 예산 검토 부탁드립니다.(요청)"

실제 상황을 골라 결론 - 근거 - 요청으로 정리해보세요.
예) 프로젝트 진행 현황 / 신규 사업 제안 / 문제 상황 보고 등

1. 결론:

→ ________________________________

2. 근거:

→ ________________________________

3. 요청:

→ ________________________________

'보고의 말' 최종 버전

→ ________________________________

• 보고의 말 말센스 훈련

1. 위에 작성한 3단계 보고의 말을 상사가 앞에 있다고 가정하고 소리 내어 말해 보세요.
2. 거울을 보면서 자신의 목소리와 표정을 확인해 보세요.

03 이메일에도 필요한 말센스

제목은 '보도자료 초안', 그러나 텅빈 메일

직장에서 업무 중 가장 많이 사용하는 이메일. 큰 어려움 없이 누구나 사용하지만 생각보다 자주 소통에 문제가 생긴다. 정중하게 썼는데 답이 늦거나, 필요한 자료를 보냈는데 다시 설명해야 하고, 때로는 분명히 전달했는데 오해가 생기는 일까지. 대체 이유가 뭘까?

어느 날 다른 부서 직원에게 메일이 왔다. 제목은 "보도자료 초안". '뭐지?'하는 생각을 갖고 본문을 열어봤다. 그런데 본문은 비어 있었다. 정말로 텅 비어 있는 하얀 배경뿐이었다. 이른바 '냉무(내용 없음)'.

<table>
<tr><td>제목</td><td>보도자료 초안</td></tr>
<tr><td>발신자</td><td>○○○   /주무관</td></tr>
<tr><td>발신일자</td><td>2025.12.23 09:40:14</td></tr>
<tr><td>관련정보</td><td></td></tr>
</table>

무엇을 어쩌라는 것인지 알 수가 없었다. 보도자료를 확인하라는 건지, 검토해달라는 건지, 아니면 그냥 참고만 하라는 전지. 첨부파일을 열어봐도 맥락을 알 수 없었다. 결국 전화를 걸어 물어봐야 했다.

같은 주, 다른 부서 직원에게서 온 메일은 달랐다. 제목은 "<긴급>[답장-수정요청드립니다]보도자료 수정본". 이 메일은 제목만 봐도 무엇을 해야 하는지 알 수 있었다. 본문을 읽고 난 뒤에는 더 명확해졌다. 전화 통화는 필요하지 않았다.

<table>
<tr><td>제목</td><td><긴급> [답장-수정요청드립니다.]보도자료 수정본</td></tr>
<tr><td>발신자</td><td>○○○○○   /주무관</td></tr>
<tr><td>발신일자</td><td>2025.12.01 20:41:03</td></tr>
<tr><td>관련정보</td><td></td></tr>
<tr><td colspan="2">안녕하세요, 주임님.</td></tr>
</table>

이렇듯 비슷한 자료를 보내도, 메일을 어떻게 쓰느냐에 따라 일의 속도가 완전히 달라진다. 이메일은 감정을 전하는 글이 아니라 업무의 다음 단계를 정하는 기록이기 때문이다. 그래서 이메일에도 말센스가 필요하다.

문제가 되는 건 문장이 아니라 판단의 부재

5년 차가 되면 이메일은 멀티플레이어가 된다. 상사에게는 보고가 되고, 후배에게는 지시가 되며, 타 부서와 외부에는 조율의 언어가 된다. 한 통의 메일이 여러 역할을 동시에 한다. 이 역할이 겹치면서 메일은 점점 애매해진다.

그 결과, 상대는 메일을 읽고도 움직이지 않는다. 대신 다시 묻는다. "이건 참고인가요?", "제가 뭘 하면 될까요?" 이 질문이 돌아온다면, 메일에 필요한 '판단'이 빠져 있다는 뜻이다.

이럴 때 우리는 흔히 문장을 고치려 한다. 더 정중하게, 더 부드럽게. 하지만 이메일에서 문제가 되는 건 문장이 아니라 판단의 부재다. 내가 보낸 이메일이 공유인지, 검토 요청인지, 결정이 필요한 사안인지. 그 성격이 제목과 첫 문장에 드러나지 않으면 이메일은 읽히지 않는다.

일을 움직이는 이메일의 3원칙

"FW: FW: ○○○○ 사업 관련자료 송부". 이런 제목의 메일을 받으면 어떤 생각이 들까? 전달에 전달을 거듭한 메일. 본문을 열어보니 역시나 아무 내용도 없다. 원본 메일의 내용만 주렁주렁 매달려 있을 뿐이다. 이게 무슨 자료인지, 왜 나한테 온 건지, 내가 뭘 해야 하는지 전혀 알 수 없다. 그래서 일단 미룬다. '나중에 봐야지.'

반대로 이런 제목은 어떨까? "<긴급>내일 오후 3시까지 회의자료 수정 요청건". 읽는 순간 알 수 있다. 이건 '수정'이 필요한 메일이고, '내일 오후 3시까지'가 데드라인이다. 제목만 봐도 다음 행동이 떠오른다. 이렇듯 제목에서 가장 중요한 건 '이메일을 받은 사람이 무엇을 해야 하는가'다. 이 질문에 답이 담겨 있으면, 메일은 읽힌다.

직장 생활을 하며 이메일에서 가장 중요한 건 세 가지다. 제목, 첫 문장, 마무리. 이 세 곳만 제대로 써도 메일은 일을 앞으로 보낸다.

1원칙 : 제목 – 무엇을 해야 하는가

제목에는 본문의 성격과 일정이 담겨야 한다. 아래 3가지 좋은 예와 나쁜 예를 제시한다.

보도자료 중요

✔ [회신필요] 보도계획 검토 요청(금요일까지)

회의 관련

✔ 12/18(금) 오전 10시 기획회의 참석 가능 여부 회신

FW: FW: ○○○○ 사업 관련자료 송부

✔ [검토요청] ○○○○ 사업계획서 검토 부탁(12/20까지)

2원칙 : 본문 첫 문장-왜 보냈나

첫 문장에서 목적을 밝히자. 이후 중요한 정보를 언급해 맥락을 주고, 향후 계획을 정리한다.

좋은 예시: "○○○ 담당하는 ○○○ 기자입니다. 보내주신 자료 잘 받았습니다. 지난 9월 1일에 단신 기사가 나간 적이 있습니다. 필요한 경우 다시 연락드리겠습니다."

3원칙 : 마무리-어떤 태도를 가졌나

마무리 인사는 형식이 아니라 관계의 정리다. 이 한 문장이 쌓여 "이 사람과 일하면 편하다"는 인상을 만든다.

좋은 예시: "응원이 되는 말씀 감사합니다. 좋은 오후 보내세요.", "급하게 요청 드려 죄송합니다. 확인 부탁드립니다.", "검토 부탁드리며, 수정 의견 있으시면 언제든 말씀해 주세요."

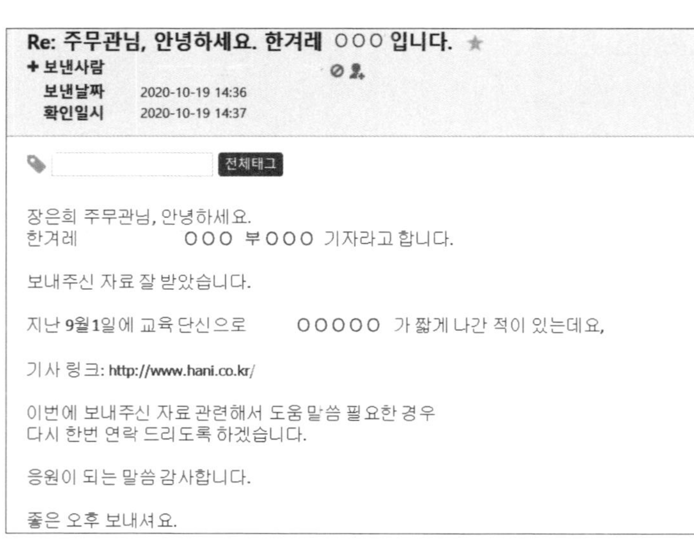

Re: 주무관님, 안녕하세요. 한겨레 ○○○ 입니다. ★

＋ 보낸사람

보낸날짜　2020-10-19 14:36

확인일시　2020-10-19 14:37

장은희 주무관님, 안녕하세요.
한겨레　　　　○○○ 부○○○ 기자라고 합니다.

보내주신 자료 잘 받았습니다.

지난 9월1일에 교육 단신으로　　　○○○○○ 가 짧게 나간 적이 있는데요,

기사 링크: http://www.hani.co.kr/

이번에 보내주신 자료 관련해서 도움 말씀 필요한 경우
다시 한번 연락 드리도록 하겠습니다.

응원이 되는 말씀 감사합니다.

좋은 오후 보내셔요.

좋은 이메일의 예

바쁠수록 더 조심해야 하는 이메일 습관

공공기관에서 일하며 가장 많이 본 실수는 '바쁠 때' 나왔다. 시간이 없어서 제목만 쓰고 본문은 비워둔 '냉무' 메일. 급해서 원본 메일만 전달하는 'FW: FW: FW:' 메일. 빨리 보내려고 "급합니다."만 쓰고 정작 언제까지인지 안 쓴 메일.

이런 메일은 시간을 아끼려다 오히려 시간을 낭비하게 만든다. 상대가 전화로 다시 물어야 하고, 오해가 생기고, 일이 늦어진다. 아무리 바빠도 이것만은 지키자.

① 제목에 "안녕하세요"는 자제하자

업무 이메일은 안부 인사가 아니라 판단의 도구여야 한다. 제목에는 행동과 일정을 담아라.

② 본문이 짧아도 괜찮다. 절대 비워 두지는 마라.

"첨부 자료 확인 부탁드립니다." 혹은 "자세한 내용은 제가 따로 전화 드리겠습니다."라는 한 줄이면 충분하다.

③ 전달하는 메일이라도 한 줄을 추가하라.

"○○ 건 관련해 공유 받은 자료입니다. 검토 부탁드립니다."

④ 긴급은 진짜 긴급할 때만.

모든 메일에 '긴급'을 쓰면, 정작 급한 일이 묻힌다.

⑤ 하나의 메일에 요청은 한 가지씩.

'A도 중요하고, B도 마무리해야 하고, C도 알아봐 달라'는 식의 여러 요청을 섞지 말자. 상대는 하나만 답하고 나머지를 잊기 쉽다.

답장까지가 완벽한 이메일 쓰기

이메일로 소통할 때 자칫 답 메일의 중요성을 놓치기 쉽다. 오고가는 대화가 아닌 일방적 전달로 생각하기 때문이다. 하지만 이메일도 대화다. 답장을 보낼 때 더 조심스러워야 한다. 상대는 이미 당신의 메일을 기다리고 있다. 아래 3가지는 꼭 기억해 두자.

① 당일 업무 마감 전 1차 응답

메일을 받은 그날 1차 답장을 한다. 만약 당장 완벽한 답을 줄 수 없는 상황이라면 "확인했습니다. ○○일까지 회신 드리겠습니다." 정도로 답한다. 특히, [긴급] 메일이나 상사의 질문, 외부 협력사 및 고객 요청은 즉시 답장한다.

② 질문/요청에 빠짐없이 답하기

여러 질문이나 요청에 대해 두루뭉술하게 답변 하면 해석의 차이가 생길 수 있다. "1번: ○○○, 2번: ○○○"과 같이 정리된 형식으로 구분해 답한다.

③ 제목과 원본 유지

제목을 변경하지 않고 'Re:~'을 유지해야 업무 과정을 살펴 볼 수 있다. 가능하다면 원본도 남기되, 너무 길면 "~(중략)~"으로 표기한다.

저자의 경험 — 메일을 보내기 전, 한 가지 질문

말과 글의 현장에서 일하며 수많은 이메일을 주고받았다. 제목 없는 메일, 본문에 목적이 없는 메일에는 공통점이 있었다. 일을 늦춘다는 점이다. 그래서 나는 이메일을 보내기 전에 항상 질문을 먼저 던진다.

이 질문에 답이 떠오르지 않으면, 아직 이메일을 보낼 준비가 되지 않은 상태다. 이메일 말센스는 글 솜씨의 문제가 아니다. 일을 앞으로 보내는 판단을 남기는 능력이다. 이메일 한 통에도 당신의 말센스는 그대로 드러난다.

말의 현장에서 얻은 깨달음

업무 이메일에서 제목은 판단의 시작이 되고, 첫 문장은 행동의 방향이며, 마무리는 관계의 온도가 된다. 정중한 문장보다 중요한 것은 명확한 구조와 책임 있는 태도다.

말센스 카드

: 이메일 3원칙

🛎 제목+본문 첫 문장+마무리

✔ 제목(무엇을): "[긴급] 보도자료 수정요청(내일 오전까지)"

✔ 본문 첫 문장(왜): "보도자료 초안입니다. 빨간 글씨만 수정해 주세요."

✔ 마무리(태도): "급하게 요청드려 죄송합니다. 확인 부탁드립니다."

다음 상황에서 보낼 이메일의 제목과 첫 문장을 작성해보세요.

상황 1: 타 부서에 자료 검토 요청(마감: 이번 주 금요일)

제목: _______________________________

첫 문장: _______________________________

상황 2: 상사에게 회의 결과 보고

제목: _______________________________

첫 문장: _______________________________

상황 3: 외부 협력사에 일정 변경 전달

제목: _______________________________

첫 문장: _______________________________

• 이메일 말센스 훈련

위에 적은 이메일을 상대에게 보냈다고 가정하고, 메일 확인
을 요청하는 말을 연습해 보세요.

04 상사의 말을 통역하는 기술

중간에 서는 사람의 부담

리더의 말을 팀원에게, 팀원의 의견을 리더에게 전달하는 자리. 직장 5년 차가 되면 자연스레 그 중간에 서게 된다. 윗선의 뜻을 그대로 전했다가 팀 분위기가 싸늘해진 적, 팀원의 불만을 그대로 올렸다가 상사의 질책을 받은 적. 그 사이에서 말 한 줄의 무게를 실감한 순간이 한두 번이 아니다.

현재 직장에 발령받은 첫 해였다. 하루는 부서장이 나를 불렀다.

"이 건은 오늘 중으로 끝내야 해요."

명령처럼 들렸다. 나는 그대로 팀원들에게 전했다.

팀의 공기가 싸늘해졌다. 누군가는 한숨을 쉬었고, 누군가는 통화하던 전화기를 급히 내려놓았다. 마치 내가 폭탄을 떨어뜨린 것처럼.

그날 밤, 사무실에 남아 일을 정리하던 팀원이 나에게 말했다.

그 질문이 나를 깨웠다. 지시를 전달하는 일보다 맥락을 해석하는 일이 더 중요하다는 걸.

나중에 알아보니 부서장이 말한 '오늘'은 이유가 있었다. 급히 예정에 없던 사장 보고가 잡혔던 거다. 나는 그 이유를 빼고 명령만 전했다. 그 경험 이후, 나는 같은 지시도 다르게 전하기 시작했다.

신기하게도 많은 점이 달라졌다. 팀원들의 표정도, 손의 움직임도, 일의 진행도.

전달자와 통역자는 다르다

리더의 지시는 '전달'보다 '통역'이 필요하다. 위의 언어를 아래의 언어로, 아래의 현실을 위로 부드럽게 옮기는 기술. 그 기술이 바로 조직을 움직이는 중간관리자의 말센스다.

처음에는 나도 '전달'만 해야 한다고 생각했다. 상사의 말을 정확하게, 빠르게 전하는 것이 내 역할이라고 착각했다. 하지만 5년 차를 지나면서 전달과 통역은 완전히 다르다는 사실을 깨달았다.

전달자와 통역자의 차이

	전달자 (Messenger)	통역자 (Mediator)
일방향	A → B	A ↔ B
역할	정보를 옮기기만 함	언어를 바꾸고, 맥락을 해석함
결과	명령만 남음	이유와 방향이 전달됨
팀 분위기	저항	협력

여기서 통역은 '중재'의 의미다. 그래서 직장에서 우리가 해야 할 일은 메신저가 아니라 중재자의 일이다.

리더의 언어 vs. 팀원의 언어

• 리더의 언어 – 전략의 언어

"보고서 정리하고, 회의 준비해, 그리고 다음 달 계획도 세워야지."

특징: 큰 그림을 본다. 방향과 책임 중심이다. 한 문장 안에 여러 일이 섞여 있고, 시간 순서와 우선순위가 불명확하다.

• 팀원의 언어 – 실행의 언어

"어디까지 정리하나요? 언제까지? 어떤 기준으로? 보고서 완성 후에 회의를 준비하는 건가요?"

특징: 손에 잡히는 것을 본다. 현실과 과정 중심이다.

이 두 언어의 간극을 메우는 통역이 필요하다. 리더의 "보고서 정리해줘요."라는 말을 팀원 입장에서 이해할 수 있게 풀어야 한다. 팀원의 "일정이 빡빡해요."라는 한탄을 리더 입장에서 설득력 있게 올려야 한다. 이 일을 해내는 사람이 결국 일을 굴린다.

상사의 말 통역법 3가지

리더의 말을 그대로 옮기지 말고, 다음의 세 단계로 '번역'하

자. 이 순서만 기억해도 오해는 줄고, 관계는 부드러워진다.

1. 명령이 아닌 맥락으로 바꾸기

리더의 지시 뒤에는 항상 '이유'가 있다. 하지만 리더는 바쁘다. 그 이유를 자세히 설명할 시간이 없다. 그래서 명령만 남는다. 그 '왜'를 찾아내서 팀원에게 전달해 보자. 팀원이 같은 정보를 가지면, 저항이 협력으로 바뀐다.

· 상사의 말: "이번 프로젝트는 우선순위를 바꿔야겠어요."
· 통역 없이 전달: "부장님이 우선순위를 바꾸시겠데요."

· 올바른 통역: "클라이언트 일정이 앞당겨졌다고 해요.
  그래서 우리도 우선순위를 조정해야 한다고 말씀하셨어요."

2. 명사형을 동사형으로 풀어라

리더의 말은 종종 추상적이다. 왜냐하면 리더는 결과에만 신경 쓰기 때문이다. 하지만 팀원은 구체적인 행동이 필요하다.

가령, "회의 준비하라."는 말은 무엇을 의미하는가? 자료를 인쇄하는 건가? 발표 순서를 정하는 건가? 시간을 예약하는 건가? 아니면 이 모든 걸 다 하는 건가? 팀원의 입장에서는 혼란스럽다. 팀원이 구체적인 액션을 알면 일이 빨라진다.

3. 현실과 의도를 함께 전달하기

상사의 지시, 팀원의 의견을 그대로 옮기면 절대 안되는 순간
들이 있다. 실제로 일을 해보니 문제가 있을 때이다.

팀원들이 말하는 "일정이 빡빡해요.", "인력이 부족해요.", "기
술적으로 어렵네요." 이런 현실적 문제를 상사에게 그대로 올려
버리면 어떻게 될까? 상사는 "그럼 야근해", "남은 예산으로 인력
더 들이면 안 돼?", "그럼 더 이전에 시작했어야지."라고 한다.

조율의 기술이 여기서 필요하다. 팀원의 현실을 이해하되, 상
사의 의도도 살려서 대안을 함께 제시해 보자.

· 상사 지시: "다음 주 회의자료 완성해요."
· 팀원 의견: "지금 다른 프로젝트가 진행 중이라 어려울 것
같습니다."

· 현실만 올리기: "팀에서 다른 일이 많다고 해요. 다음 주는 힘들 것 같습니다."

· 현실 + 대안 제시:

"현장에서는 지금 진행 중인 프로젝트 때문에 일정이 빠듯한 상황입니다. 다만 우리 팀에서 우선순위를 조정하거나, 외부 지원을 받으면 다음 주 완성이 가능할 것 같습니다. 가능한 방안이 있을까요?"

저자의 경험 – 중간관리자는 온도 조절자

공공기관에서 몇 년을 더 일하면서 내 역할이 정확히 무엇인지를 알게 됐다. 나는 일을 하는 사람이 아니라, 사람들을 움직이는 사람이 되고 있었다. 처음에는 그게 낯설었다. 내가 직접 하던 일들을 팀원에게 시키고, 상사의 피드백을 팀원에게 전하는 일. 마치 신호등처럼 위에서 내려오는 신호를 아래로 내려보내는 것 같았다.

하지만 시간이 지나면서 달라졌다. 어느 날 내가 던진 한 문장으로 팀 분위기가 달라지는 경험을 했다.

"부장님이 이 부분을 중요하게 보신다고 하셨는데, 사실 우리 입장에서는 복잡한 부분이니까, 우선 이 정도까지만 해서 피드백을 받고 다음 단계를 진행해 볼까요?"

상사의 지시는 같은데도, 팀원의 표정이 달랐다. 그들은 마치 문제를 함께 풀어가는 사람처럼 움직였다.

또 다른 경험도 있었다. 팀원이 일을 잘못해 상사가 화가 났을 때, 상사의 화난 모습을 팀원에게 그대로 전달하지 않았다. 대신 이렇게 말했다.

"부장님도 중요한 일이라 신경 쓰셨던 부분이신지, 아쉽다고 하셨어요. 조금씩 같이 보완해 보자고 하셨으니까, 어떤 부분이 문제였는지 다시 차근차근 살펴볼까요?"

팀원도 자신의 실수를 인정했고, 다음 단계를 스스로 제시했다. 그때 다시 한 번 확인했다. 중간관리자의 역할은 단순한 전달자가 아니라, 조직의 말과 마음을 잇는 통역자다.

통역의 핵심은 정확함이 아니다. 온도다. 한 문장을 부드럽게 바꾸는 감각, 현실을 상사가 수용할 수 있는 언어로 정리하는 감각, 팀원의 입장을 상사에게 설득력 있게 올리는 감각. 그 감각들이 모여 리더와 팀원을 함께 살린다.

말의 현장에서 얻은 깨달음

중간관리자의 역할은 전달자가 아니다. 조직의 말과 마음을

잇는 통역자다. 직장 언어 통역의 핵심은 정확함이 아니다. 협력
으로 이끄는 배려의 온도다.

말센스·카드   : 상사의 말 통역 기술

🔔 해석 + 행동 + 조율

"바로 회의자료 준비해요."
→ "회의 준비는 발표 자료를 중심으로 검토해 주고, 발표자
순서와 시간 체크하는 걸 의미하는 것 같습니다."

최근 들은 상사의 지시를 아래 구조에 맞춰 다시 써보자.

상사의 지시

→ _______________________

1. 해석(맥락 찾기)

→ _______________________

2. 행동(구체적으로)

→ _______________________

3. 조율(현실 + 대안)

→ _______________________

• 상사의 말 통역 말센스 훈련

1. 위의 3단계 통역을 팀원에게 전달한다고 가정하고 알맞은
어조를 더해 말해 보세요.
2. 상사의 명령이 아닌 함께할 과제를 전달하는 톤을 의식하
세요.

05 함께 만든다는 감각, 피드백의 기술

빨간 펜의 상처

중학교 1학년 때 '빨간펜' 학습지를 했다. 문제를 풀면 선생님이 빨간펜으로 틀린 곳을 하나하나 고쳐주는 방식이었다. 당시 개인 과외를 받지 못하던 학생들에게는 구세주 같은 존재였다. 빨간펜으로 남겨진 동그라미와 별표, 간혹 보이는 "잘했어요!"라는 한 마디가 얼마나 기뻤는지 모른다.

사회인이 되어 다시 그 빨간 펜을 마주하게 될 줄은 꿈에도 몰랐다. 10여 년 전 시청 스피치라이터로 출근한 첫주. 첫 인사말을 써서 부서장에게 들고 갔다.

"제가 아직 부족한 게 많으니 잘 지도해 주세요."

긴장 반 기대 반으로 자료를 건네고 자리로 돌아왔다.

30분쯤 후 부서장이 호출했다. "은희 씨 잠깐 와 봐요."

가보니, 내 첫 인사말은 온통 빨간펜으로 뒤덮여 있었다. 문장마다 수정 표시가 가득했다. 종이를 보고 있으니 마음이 심란했다.

'아… 앞으로 이 일을 계속 할 수 있을까...?'

무엇이 틀렸는지는 알겠지만, 무엇부터 해야 할지는 알 수 없었다. 부서장은 어깨를 다독여 주지 않았다. 그저 빨간펜 자국만 남겼다.

지적과 안내는 다르다

그로부터 며칠 뒤 팀장이 나를 불렀다. 나의 혼란을 본 건가. 그는 내 다음 보도자료를 함께 읽으며 이렇게 말했다.

"여기 우리 사업이 어필이 덜된 거 같지 않아? 우리는 중소
도시니까 다른 도시가 가지고 있지 않은 이 부분을...."

부서장과 비슷한 지적이었다. 하지만 완전히 달랐다. 좋은 피드백은 지적이 아니라 안내였다. 틀린 부분을 짚어주는 데서 끝

나지 않고, 앞으로 나아갈 길을 알려주는 말. 그것이 진짜 피드백이었다.

피드백의 본질: 교정이 아니라 이해

직장에서 피드백은 흔히 '교정의 언어'로 쓰인다. 상사가 후배의 일을 검토하고 부족한 점을 지적한다. 마치 학교에서 시험 답안에 채점을 하는 것처럼. 하지만 진짜 피드백은 '이해의 언어'다. 무엇이 틀렸는지를 말해주는 사람보다, 왜 그 생각을 했는지 들어주는 사람이 더 신뢰를 얻는다.

교육심리학자 캐롤 드웩(Carol Dweck)은 그의 책 『마인드셋』에서 이렇게 말했다. "성장은 '잘했어'가 아니라, '지금 배우고 있어'라는 믿음에서 시작된다."

즉, 피드백은 완벽한 답을 주는 과정이 아니다. 상대가 성장할 수 있다는 믿음을 심어주는 과정이다. 좋은 피드백을 받은 사람은 이렇게 생각한다. "이 일을 더 잘할 수 있겠다." 그것으로 충분하다.

관계를 남기는 피드백의 3원칙

1. 판단이 아닌 이해로 시작

피드백을 시작할 때 가장 많은 실수는 상대의 말을 들을 준비가 안 된 채로 지적부터 하는 점이다.

이 질문은 이미 상대를 판단한다. "이건 틀렸어"라는 전제가 깔려 있다. 상대는 자신을 정당화하려고만 하고 마음의 문을 닫는다.

여기에는 호기심이 있다. "무언가 이유가 있어서 이렇게 했을 거야"라는 신뢰가 담겨 있다.

이렇게 물으면 대화의 결이 달라진다. 상대는 자신의 의도를 설명하기 시작하고, 그 과정에서 자신의 논리적 부족함도 발견한다. 그러면 성장한다. 가장 중요한 사실은 당신을 신뢰하기 시작한다는 점이다.

2. 고쳐주지 말고, 같이 보기

상대 의도를 이해했다면, 다음은 함께 방향을 찾는 단계다. 여기서 많은 리더가 실수한다.

리더는 답을 제시하고 직원은 수정한다. 그게 끝이다. 다음에 또 비슷한 상황이 생기면? 직원은 또 물어본다. 성장이 아니라 반복이다.

상대가 스스로 수정하게 만드는 말이 가장 강력하다. 답을 주는 것이 아니라 상대가 답을 찾도록 돕는 것. 그것이 진정한 피드백이다. 그렇게 찾은 답은 상대의 것이 되고 다음에는 더 나은 방식으로 생각할 수 있게 된다.

3. 결과보다 가능성 언급하기

피드백의 마무리가 가장 중요하다. 여기서 평가를 하느냐 기대를 하느냐에 따라 상대의 다음 행동이 달라진다.

이 말은 상대에게 무엇을 남길까? "나는 가능성이 부족한 사람”이라는 생각이다. 다음 보고서는 더 무겁고, 더 신중해지고, 결과적으로 더 나빠진다.

> 좋은 피드백 : “이번 시도는 아쉬운 부분도 있지만, 다음엔 훨씬 나아질 거예요.”
> “이 방향이라면 정말 좋은 결과가 나올 것 같아요.”

사람은 ‘틀림’보다 ‘가능성’에서 동기를 얻는다. 당신이 상대의 가능성을 믿으면 상대도 자신을 믿기 시작한다. 그 믿음이 성장의 첫발이 된다.

상황별 피드백 예시

- **신입이 실수했을 때**

나쁜 피드백: “이런 실수를 어떻게 해요? 다시 확인해야지요.”
좋은 피드백: “이런 실수가 나온 이유가 뭘까요? 확인 과정에서 놓친 부분이 있었나요? 다음부턴 어떻게 하면 될 것 같아요?”

- **결과가 기대 이하일 때**

나쁜 피드백: “이건 너무 평범해. 좀 더 창의적으로 해야지.”

좋은 피드백: "이 방향성은 좋은데, 이 부분을 조금 더 살려 보면 어떨까? 예를 들면, ○○ 같은 방식도 있을 것 같은데, 너라면 어떨 것 같아?"

• 후배의 제안이 부족하다고 느낄 때

나쁜 피드백: "아이디어는 좋은데, 계획이 부족해."
좋은 피드백: "이 아이디어 정말 좋아. 그런데 이걸 실제로 어떻게 진행할 건지 생각해 본 거 있어? 예를 들면, 예산은? 일정은? 이런 부분들을 한 번 더 정리해 보면 좋을 것 같은데, 함께 생각해 볼까?"

저자의 경험 - 피드백을 통해 신뢰를 쌓는다

나는 누군가가 글을 봐 달라고 할 때마다 예전의 나처럼 빨간펜에 주눅이 들 상대를 떠올린다. 그래서 가능한 한 이렇게 묻는다.

"이 문장을 쓸 때 어떤 의도를 가지고 했어요?"

그 질문 하나로 대화의 방향이 달라진다. 고치는 일이 아니라, 이해하는 일이 되기 때문이다. 처음에는 상대들도 조심스러워했다. 하지만 내가 진심으로 묻고, 진정으로 듣는다는 걸 알게 되면

서부터 달라졌다. 자신의 아이디어를 자신 있게 설명했고, 내 제안에 귀 기울였다. 그리고 더 중요한 점은 자신들도 다른 팀원에게 같은 방식으로 피드백을 주기 시작했다. 그렇게 조금씩조금씩 조직의 문화가 바뀌길 바란다. 빨간펜에서 지도로. 지적에서 안내로.

말의 현장에서 얻은 깨달음

좋은 피드백은 틀린 부분을 지적하는 것이 아니다. 상대가 성장할 수 있다는 믿음을 심어주는 것이다. 당신이 상대의 가능성을 믿으면, 상대도 자신을 믿기 시작한다. 그 믿음이 모여, 조직의 문화가 지적에서 성장으로 바뀐다.

말센스 카드   : 좋은 피드백

 이해 → 함께 보기 → 기대

"이 부분 준비하느라 고생 많으셨죠.(이해) 여기서 조금만 다른 시각으로 보면, 훨씬 더 좋아질 것 같아요.(함께 보기) 다음 시도는 정말 기대됩니다.(기대)"

- 좋은 피드백 연습

실제 상황을 골라 3단계 피드백을 만들어 보세요. 예) 후배의
미흡한 보고, 팀원의 실수, 신입의 부족한 아이디어 등

1. 이해의 한마디(상대의 노력 인정하며, 이유 묻기)

　　————————————————————

2. 함께보기의 한마디(지적하지 않고, 함께 방향 제시하기)

　→ ————————————————————

3. 격려의 한마디(가능성과 기대 남기기)

　→ ————————————————————

　한 문장 피드백

　→ ————————————————————

- 좋은 피드백 말센스 훈련

1. 위에서 작성한 3단계 피드백을 상대방에게 전달한다고
가정하고 소리 내어 말해 보세요.
2. 상대의 노력을 진심으로 인정하고, 함께 나아갈 길을 보여
주는 톤을 의식하세요.

3장

10년 차에도 통하는
협업 말센스

경력이 쌓여도, 관계는 여전히
말로 다뤄야 한다

10년 차에도 협업은 여전히 말의 힘으로 굴러간다.
베테랑 직원도 협업의 비결은 결국 '말의 힘'이다.
감사, 사과, 격려, 갈등 조율까지.
경험보다 태도가 더 빛나는 순간들을 담았다.

01 침묵을 두려워 말고, 어색함을 리드하라

– 관찰, 공감, 유머의 황금비율

말보다 침묵이 더 무거울 때

직장 생활을 하다 보면 말보다 침묵이 더 어렵게 느껴지는 순간이 있다. 회의실에서 "이상입니다."라는 말이 끝난 뒤 아무도 입을 열지 않을 때. 점심 식사 자리에서 주문을 마친 뒤, 모두 휴대폰만 바라보는 순간. 고객사 미팅에서 자기소개가 끝난 후, '이제 무슨 말을 해야 하지?' 하며 눈빛만 오가는 그 몇 초.

길어질수록 공기를 무겁게 만드는 그 정적 속에 누군가는 말문을 열어야 한다. 분위기를 바꾸는 스위치가 필요하다.

하지만 많은 사람은 스위치 대신 침묵을 택한다. '나 말고 누가 하겠지' 혹은 '괜히 나섰다가 더 어색해질까봐'가 이유다. 그 사이 공기는 식고, 대화는 완전히 멈춘다.

과거의 나도 비슷했다. 어색한 순간이 오면 입을 다물고 상대의 말을 기다렸다. 누군가 먼저 입을 열기를 바라면서 말이다.

이제는 다르다. 침묵보다는 어색하더라도 말문을 연다. 침묵은 관계의 공백이지만 동시에 기회의 문이라는 것을 알기에. 그 빈틈을 읽고 먼저 건네는 한 문장이 상대의 긴장을 녹이고 신뢰를 여는 첫걸음이 될 수 있기에.

어색함을 두려워하지 않고 먼저 말을 건네는 사람이 결국 관계를 주도한다.

한 사람의 행동이 모두를 바꾼다

한 사람의 행동이 주변 사람들의 반응과 태도까지 바꾸는 현상을 '사회적 촉진(Social Facilitation)'이라고 한다. 긴장된 자리에서 누군가 웃거나 짧게 한마디 던질 때, 그 순간 공기가 풀리고 표정이 달라지는 이유가 바로 이것이다.

작장에서도 마찬가지다. 침묵이 흐르는 회의실에서, 어색한 회식 자리에서, 누군가의 한마디가 모두의 입을 연다. 먼저 말을 거는 사람이 관계를 리드하는 이유이다.

한 사람의 행동이 시작되고 그 행동이 다른 사람의 마음을 움직인다. 말을 잘해서가 아니라, 먼저 공기를 읽고 움직였기 때문이다.

정적을 푸는 3가지 화법

직장 생활 19년 동안 수많은 회의와 인터뷰, 행사, 회식, 미팅의 공기를 경험하면서 나는 중요한 하나를 깨달았다. 어색한 순간은 말로 풀린다는 사실. 그때 필요한 건 화려한 말솜씨가 아닌 말센스였다. 바로 이 세 가지, 관찰과 공감 그리고 유머.

1. 관찰형: '지금 여기'에서 말이 시작된다

가장 안전하고 자연스러운 화법이다. 눈앞에 있는 상황을 그대로 말로 옮기면 된다. 새로운 주제를 꺼내지 않아도 된다. 그저 '지금 이 공간'을 함께 인식시키는 효과만으로도 충분하다. 상대는 그 한마디로 같은 자리에 함께 있다는 연결감을 느낀다.

"회의실이 갑자기 더 환해졌네요."
"오늘 다들 복장이 정말 멋집니다. 무슨 날인가요?"
"이 카페 음악 좋은데, 처음 와 봤어요?"
"오늘 날씨가 유난히 맑네요."

관찰형은 판단을 하지 않는다. 단지 현재를 함께 본다. 그것만으로 어색함은 반 이상 줄어든다.

2. 공감형: 가볍게, 그러나 따뜻하게

공감형 화법은 분위기를 '사람의 결'로 바꾼다. 상대의 기분을 대신 말해주면 된다. "오늘은 유난히 힘들었죠?"처럼 감정을 간접적으로 짚어주는 말을 쓰면 된다. 관계의 시작은 언제나 감정의 인정에서 열린다. 상대가 무엇을 말해야 할지 몰라 침묵할 때, 당신이 그들의 심정을 먼저 말해주면 마음의 문이 열린다.

"오늘 하루 길었죠?"
"회의 전에 커피 한 잔 하셨나요?"
"이 시간이 가장 힘들 때죠?"
"빨리 주말이 오면 좋겠어요."

공감형은 판단하지 않고 공감한다. 상대의 감정을 읽고, 그것을 인정해 주는 것. 그 느낌 하나로 신뢰가 생긴다.

3. 유머형: 분위기를 다루는 균형감

유머는 가장 어려운 동시에 가장 빠른 길이다. 하지만 주의해야 할 점이 있다. 의도적으로 웃기려 하면 실패한다. 너무 큰 웃음보다, 짧은 미소 하나면 충분하다. 유머형 화법의 핵심은 '가벼운 자기노출'이다. "제가 괜히 긴장하게 만든 건 아니죠?"처럼 나를 살짝 이용하면 분위기는 순식간에 풀린다. 상대는 당신을 편안하게 느끼게 되고, 함께 웃을 수 있게 된다.

“이 정도면 숨소리도 회의록에 남겠는데요.”
“이 침묵은 집중의 신호죠?”
“제가 분위기를 그렇게 무겁게 만들었나요?”
“저도 처음이라 긴장되는데, 괜찮으세요?”

유머형은 판단하지 않고, 상황을 가볍게 다룬다. 스스로 약간 낮추면서 상대와 같은 눈높이에 선다.

침묵을 지적하는 실패의 말

침묵을 직접 지적하면 상대의 마음을 닫게 만든다. 말은 분위기를 바꾸는 도구이지 상황을 탓하는 무기가 되어선 안 된다.

“다들 왜 이렇게 조용해요?”(지적처럼 들림)

이런 말들은 상대가 ‘내가 뭔가 잘못했나?’라고 생각하거나 더 위축되게 한다. 대신 이런 표현으로 바꿔보자. 어색함을 긍정으로 바꾸고 관계를 여는 말이면 좋다.

“저도 처음엔 서먹했어요. 천천히 알아가면 좋겠습니다.”

저자의 경험 - 방송국 대기실에서

방송국 대기실에서는 연예인, 전문가, 시민 패널이 뒤섞인다. 서로 처음 보는 이들 사이에 어색한 공기가 흐르면, 녹화장 안까지 긴장이 번진다. 그런 순간, 나는 항상 PD 옆에서 이렇게 말했다.

"자기소개 시간이라도 가져볼까요?"

단 한 문장이었다. 하지만 분위기가 바뀌었다. 눈빛이 마주치고, 미소가 오갔다. 짧은 인사 몇 마디로 공기가 달라졌다. 그 경험이 반복되면서 나는 깨달았다. 어색함을 깨는 데 특별한 말이 필요한 게 아니라 상대의 마음을 읽는 감각만 있으면 된다.

공공기관에 와서도 비슷한 경험을 했다. 긴 회의 시간, 의견이 나오지 않고 침묵만 이어지는 가운데 한 부서장이 웃으며 말했다.

"다들 생각이 많은 모양인데 콧구멍 시원하게 이야기해도 돼요."

회의장이 움직이기 시작했다. 누군가 피식 웃었고, 누군가는 입을 열었다. 생각들이 오갔다. 그의 말이 특별했던 이유는 뭘까? 말투가 재미있어서? 아니다. 그는 그 순간의 감정을 읽었고, 그것을 따뜻하게 풀어냈을 뿐이다.

어색함은 잘 다루면 신뢰의 시작점이 된다. 침묵을 두려워하지 않고, 상대의 호흡에 맞춰 한 문장을 던질 줄 아는 사람. 그 사람이 관계를 리드한다.

관찰은 '지금의 나'를 보여주고 공감은 '너의 마음'을 인정하며 유머는 '우리의 거리'를 좁힌다. 회의든 회식이든 미팅이든, 분위기를 먼저 푸는 사람이 결국 관계를 이끈다.

말의 현장에서 얻은 깨달음

관찰로 '지금의 우리'를 함께 보고 공감으로 '당신의 마음'을 인정하며 유머로 '우리의 거리'를 좁히면, 어색함이 깨지고 관계의 문이 열린다.

말센스 카드 : 어색함을 깨는 말

✔관찰: "회의실이 갑자기 더 환해졌네요."

✔공감: "오늘 하루 길었죠? 커피 한 잔 하셔야겠어요."

✔유머: "이 정도면 숨소리도 회의록에 남겠는데요."

다음의 상황 중 하나를 골라 가장 어울리는 화법으로 대화를
만들어 보세요. 예) 회의 중 갑작스러운 침묵, 고객사 미팅 첫 인사 직후,
점심 식사 자리 어색한 공기 속 등

3가지 화법으로 만들어 보기

1) 관찰형으로:
    "________________________________"
2) 공감형으로:
    "________________________________"
3) 유머형으로:
    "________________________________"

→ 내가 할 말:
    "________________________________"

• 침묵을 리드하는 말 말센스 훈련

침묵 속에 있다고 가정하고 위에 작성한 문장을 어울리는
표정으로 말해보세요.

02 사소하지 않은 잡담센스

– 긴장을 풀고 분위기를 살리는 30초 마법

어색함 다음, 30초의 중요성

회의 직전 5분, 브리핑 대기 3분, 협업 부서와 첫 대면 1분. 일이 본격적으로 시작되기 전의 그 '애매한 시간'이야말로 관계의 온도를 정하는 순간이다. 앞장에서 우리가 배운 건 어색함을 깨는 말센스였다. 침묵을 말로 바꾸고, 공기를 따뜻하게 만드는 기술. 하지만 거기서 끝나면 안 된다. 어색함이 깨진 직후의 30초가 더 중요하다.

누군가 "○○님, 오늘 날씨 좋네요"라고 말했을 때, 그 다음은 어떻게 해야 할까? 그냥 웃고 침묵으로 돌아갈까? 아니면 그 한마디에 따뜻함을 더해 상대의 경계를 풀 수 있을까?

그 30초 차이가 '말만 잘하는 사람'과 '함께 일하고 싶은 사람'을 나눈다.

잡담은 결코 사소하지 않다

잡담은 본론이 아니다. 하지만 본론이 매끄럽게 흘러가게 만드는 윤활유다. 말센스가 있는 사람은 이 짧은 시간을 결코 흘려보내지 않는다. 잡담으로 깊은 친분을 쌓을 수는 없지만, 관계를 잇는 '작은 다리'는 놓을 수 있다. 이 다리가 있어야, 본론이 부드럽게 닿는다.

흔히 직장인들은 잡담을 '시간 낭비'라고 생각한다. 하지만 그 30초의 잡담이 없으면, 이후 30분의 회의가 경직된 분위기에서 진행된다. 긴장한 상태에서는 좋은 아이디어도 나오지 않고, 의견도 솔직하게 나뉘지 않는다. 잡담은 투자다. 30초를 투자해서 이후 30분을 효율적으로 만들 수 있다.

30초 잡담의 2단 구조

어색함을 깬 후 30초를 의도적으로 설계하는 방법이 있다. 10장에서 배운 '관찰'(지금 여기)로 시작한 후, 다음 두 단계를 거치면 된다.

• 1단계: 인정 – 관찰을 말로 표현하기

단순히 보인 것을 말한다. 판단 없이, 평가 없이, 상대방이 한 노력이나 준비를 진심으로 본다는 신호를 보낸다.

“○○님, 날씨가 정말 좋네요.”
“○○님 그 이후로는 어떻게 지내셨어요?”
“벌써 오후네요. 시간이 참 빨라요.”
“○○님 얼굴 보니까 반갑네요.”

• 2단계: 연결 – 분위기를 살리는 따뜻한 말

여기가 가장 중요한 단계다. 1단계의 관찰에서 한 발 더 나가서, 감정을 공유하고 함께라는 마음을 전한다. 이 순간이 상대의 경계를 내리고, 편안함을 느끼게 하는 마법의 시간이다.

“요즘 정신없이 바쁘시죠? 저도 아침에 커피를 마신 후로는 정신이 없었는데, 그래도 여기 앉아 있으니 좀 여유가 생기네요.”
“프로젝트 준비로 그동안 실내에만 있다 보니 하늘 볼 시간도 없었는데 이렇게라도 나오니 좋네요.”

상황별 30초 잡담

회의 직전, 내부 팀과의 5분

회의실에 모두 모였다. 노트북을 켜고, 자료를 펼친다. 아직 분위기는 그저 ‘업무 모드’일 뿐이다.

· 1단계: 인정 – 관찰

"○○님들, 오늘 자료 정리가 깔끔하네요."

지난주 회의에서 나온 의견들이 체계적으로 정리된 모습을 본 것을 단순하게 말한다. 판단 없이. 상대들이 고개를 끄덕인다. 자신들 노력이 눈에 띄었다는 신호를 받는다.

· 2단계: 연결 – 분위기를 살리기

"요즘 우리 팀도 정신없는데, ○○팀은 더하죠? 이렇게 준비된 자료를 보니까 일이 잘 풀릴 것 같은 느낌인데요."

분위기가 살짝 풀린다. 긴장이 풀어지고, 모두가 같은 방향을 보고 있다는 신호다.

· 이후 본론으로 자연스럽게 진입하는 말

"그럼 오늘은 이 부분들 중에서 정말 중요한 걸 함께 풀어가 볼까요?"

회의가 시작된다. 하지만 아까와는 다르다. 지시받는 분위기가 아니라, 함께 풀어가는 분위기다.

외부 미팅, 처음 만난 상대와 1분

고객사 회의실에 들어갔다. 처음 보는 얼굴들이다. 인사를 나

넜다. 명함을 교환했다. '이제 뭘 하지?'하는 공기가 흐른다.

· 1단계: 인정 – 관찰

"○○님들, 오늘 날씨가 좋은데 잘 오셨네요."
"와, 자료가 정말 정리되어 있네요. 준비를 정말 잘해 오셨어요."

· 2단계: 연결 – 분위기 살리기

"문자나 메일로만 이야기다가 직접 뵈니까 정말 반가워요. 요즘 프로젝트 준비로 하늘 볼 일도 없었는데 덕분에 하늘도 보고요."
"솔직하게 말하면, 첫 미팅 전에는 긴장하게 되는데, ○○님을 보니까 편하네요. 이런 분위기에서 시작할 수 있어서 다행이에요."

상대들이 웃는다. 첫 만남의 어색함이 조금 풀린다. 신뢰가 형성된다.

· 이후 본론으로 자연스럽게 진입하는 말

"그럼 편하게 시작해 볼까요?"

상대는 당신이 함께 일할 준비가 된 사람이라는 걸 느낀다.

팀장과의 일대일 상담, 2분

회의실 문을 열었다. 어색한 침묵이 흐른다. 무언가를 보고해야 하지만, 어떻게 시작해야 할지 모르겠다.

· 1단계: 인정 – 관찰

"팀장님, 요즘 정말 바빠 보이세요."
"시간 내주셔서 감사합니다."

· 2단계: 연결 – 분위기 살리기

"저도 지난주부터 이 부분 때문에 고민이 많았는데, 이야기 나눌 수 있어서 다행이에요. 팀장님께 상의할 수 있어 조금이나마 안심이 되네요."
"최근에 ○○ 부분을 진행하면서, 어려움이 있어서요. 팀장님도 비슷한 경험을 말씀하신 기억이 나서요."

상대의 경계가 풀린다. 도움을 청하는 것이 아니라, 함께 풀어가고 싶다는 마음이 전해진다.

· 이후 본론으로 자연스럽게 진입하는 말

"그래서 오늘 팀장님의 의견을 듣고 싶었어요."

협력 부서와의 첫 회의, 1분

새로운 프로젝트를 함께할 부서와 첫 만남이다. 다들 어디서부터 시작해야 할지 몰라한다.

· 1단계: 인정 – 관찰

"○○팀을 그동안 오고가면서 뵈다가 이렇게 협업 자리에서 뵙게 되어 더 반갑습니다."

· 2단계: 연결 – 분위기 살리기

"솔직하게 말하면, 새로운 팀과 함께할 때는 처음엔 어색하기도 했는데, ○○님들이라 편하네요. 우리 이 프로젝트, 더 잘해낼 수 있을 것 같아요."

상대들이 편하게 웃는다. 무언가 함께할 수 있겠다는 기대감이 생긴다.

· 이후 본론으로 자연스럽게 진입하는 말

"그럼 각자 준비한 부분부터 편하게 얘기 나눠 볼까요?"

• 피해야 할 잡담

· 개인적으로 접근하기

"○○님, 요즘 일 많으시죠? 몇 시까지 일하세요?"

→ "요즘 정신없으시죠. 저도 마찬가지라 서로 힘내요."

· 상대를 평가하는 느낌

"○○님, 이 정도는 쉽겠죠?"

→ "○○님이면 잘해낼 거라고 생각했어요."

· 바로 본론으로 들어가기

"○○님, 준비 다 하셨어요?"

→ "○○님, 회의 전에 혹시 더 필요한 게 있으세요?"

저자의 경험 - 30초 잡담이 일을 푼다

방송국에서 경험을 빌려본다. 연예인들을 섭외하거나 촬영팀과 협력할 때 가장 어려운 건 '첫 5분'이었다. 모두가 긴장해 있고, 역할만 정해져 있는 상태. 하지만 나는 이렇게 시작했다.

"오늘 스케줄이 빡빡하다고 들었는데, 저희가 최대한 시간을 맞춰드릴게요. 그 대신 촬영 전에 간단히 대본 체크만 좀 해도 될까요?"

단순한 인사였지만 그들의 시간을 존중한다는 걸 느꼈다. 긴장이 조금씩 풀렸다.

공공기관에 와서 배운 게 하나 더 있다. 바로 언론 취재 시 주민들의 심리다. 기자들이 구청의 정책이나 서비스에 대해 취재를 할 때 주민들을 섭외한다. 예를 들어 주민센터 프로그램에 참여 중인 주민, 새로 지은 청년센터를 이용하는 직장인 등. 대부분의 주민은 카메라를 마주하는 것만으로도 긴장한다.

'기자 앞에서 말을 잘할 수 있을까?'
'내 말이 이상하게 나오지 않을까?'

취재 30분 전 나는 항상 주민들을 따로 만났다. 차 한 잔을 마시며 이렇게 말했다.

"오늘 촬영이 있다고 해서 많이 긴장하셨을 텐데, 사실 기자님들도 연출된 그림이 아니고, 솔직한 이야기가 듣고 싶은 거예요. 저하고 대화한다 생각하고 말씀하시면 돼요."

이건 공감이면서 동시에 인정이었다. 주민의 긴장을 인정하되 그들의 말이 소중하다는 걸 알려주는 태도. 주민들이 조금씩 편안해 지는 게 보였다. 그러면 나는 구체적으로 말했다.

"이 프로그램을 참여하면서 느낀 좋은 점이나 변화가 있으

여기서 중요한 건 뭘까? 주민이 "질문 받는 사람"이 아니라, "좋은 경험을 나누는 사람"으로 역할이 바뀐다는 점이다. 그러면 촬영 현장에서 기자가 마이크를 들었을 때 주민의 말은 조금이라도 더 자연스러워진다.

어색함을 깬 후, 관찰과 인정으로 신뢰를 세운 다음, 연결 문장으로 자연스럽게 본론에 진입하는 것. 30초 잡담의 힘은 바로 여기에 있다.

말의 현장에서 얻은 깨달음

어색함을 깬 후 30초가 더 중요하다. 그 30초가 '말만 잘하는 사람'과 '함께 일하고 싶은 사람'을 나눈다. 잡담은 사소하지 않다. 그것은 관계의 윤활유이자, 본론이 부드럽게 흘러가게 만드는 마법의 말이다.

 **관찰 → 인정 → 연결**

"○○님들, 오늘 자료가 정말 깔끔하게 정리되어 있네요.(관찰)
우리 팀도 마지막 주라 정신없는데, 이렇게 준비해 주신 거 보
니까 정말 감사해요.(인정) 우리도 힘내서 회의에 참여하겠습
니다.(연결)"

실제 상황을 골라 30초 잡담을 만들어 보세요.
(외부 첫 미팅 대기석, 타 부서 협업 회의, 점심 자리 합석 등)

1. 관찰(지금 여기에서 본 것)

____

2. 인정(상대의 준비와 노력)

____

3. 연결(업무로 이어질 다리)

____

내 30초 잡담

→ _______________________________

● 30초 잡담 말센스 훈련

위에서 작성한 30초 잡담을 상대방에게 전달한다고 가정하고
소리 내어 말해 보세요.

03 감사는 구체적으로, 사과는 변명 없이

말에도 골든타임이 있다

감사와 사과는 흔히 예의범절의 영역으로 여긴다. 직장에서는 예의가 아니라 생존의 기술이다. 응급 상황에서 몇 분이 생명을 살리듯, 감사와 사과에도 관계를 살리는 마지노선의 시간이 있다. 그 순간을 놓치면 아무리 좋은 말도 의미를 잃는다. 늦은 감사는 계산처럼 보이고, 뒤늦은 사과는 변명처럼 들린다. 그래서 말은 타이밍의 예술이다.

그 사실을 언론홍보 업무를 하며 제대로 배웠다. 아무도 모르게 작은 실수를 하나했다. 사업 부서에서 받은 자료를 내가 임의로 해석해 보도자료에 추가했고, 그대로 지면 기사에 실렸다. 다음 날 아침, 나는 망설임 없이 담당 부서에 전화를 걸었다.

"주임님, 신문에 잘못된 정보가 나갔어요. 지면은 수정이 어

잠시 정적이 흐른 뒤에 담당자가 말했다.

그 한 통의 전화로 나에 대한 신뢰는 더 단단해졌다. 빠른 사
과는 책임을 넘어 신뢰를 세우는 기술이었다.

감사와 사과, 왜 타이밍이 생명일까?

응급실에 들어가면 가장 먼저 하는 말이 있다.

"발생한 지 얼마나 됐습니까?"

의료진은 환자의 상태만큼이나 중요하게 시간을 묻는다. 왜냐
하면 골든타임이 있기 때문이다. 단 몇 분의 차이가 생사를 가르
기도 하니까. 직장의 관계도 마찬가지다. '관계의 골든타임'을 결
정짓는 중요한 요소가 바로 감사와 사과의 말이다.

감사의 말: '구체적으로'가 핵심

감사의 말이 형식적으로 들리지 않으려면 구체적이어야 한다.

1. 대상을 명확히 하기

누구에게 감사하는 건지 분명히 한다. 일반적인 말보다, 구체적인 이름이나 팀명을 언급하는 것이 훨씬 강하다. 상대는 당신이 정말로 노력한 모습을 봤다는 느낌을 받는다.

"함께 준비해 주신 ○○팀 여러분 감사드립니다."
"○○님과 ○○님, 두 분이 밤새 지원해 주셨어요."

2. 행동이나 기여를 구체화하기

무엇에 감사한지를 명시한다. "도와줘서 고마워" 보다 "○○부분을 담당해 줘서 고맙습니다."가 훨씬 더 와 닿는다. 구체적인 행동을 언급하면, 상대는 자신의 노력이 정말 눈에 띄었다는 걸 느낀다.

"지난 한 달, 프로젝트를 위해 밤낮으로 힘써 주셔서 고맙습니다."
"자료 정리부터 현장 점검까지, 모든 과정을 꼼꼼하게 챙겨 주셔서 정말 감사합니다."

3. 결과와 연결하기

감사의 말을 마무리할 때는 그 노력의 결과까지 함께 전달한다. 상대의 노력이 어떤 성과로 이어졌는지 보여준다. 이렇게 하면, 감사는 예의에 그치는 게 아니라 당신의 노력이 정말 가치 있었다는 확인이 된다.

"여러분 덕분에 행사가 무사히 마무리됐습니다."
"그 덕분에 클라이언트 만족도도 높게 나왔어요."

사과의 말: '변명 없이'가 원칙

많은 사람들이 사과를 미룬다. 혹은 사과하면서 변명을 섞는다. 먼저 사과를 하게 되면 지는 것이라는 인식 때문이다. 오히려 제때하는 사과는 관계의 리더십이 된다.

1. 책임 인정하기

사과는 변명에서 시작하면 안 된다. 책임 인정에서 시작해야 한다. 당신의 실수가 상대에게 어떤 불편을 주었는지를 명확히 인정하는 것. 그것이 첫 걸음이다.

"이번 건으로 불편을 끼쳐 죄송합니다."
"제 실수로 인해 일정이 밀려서 정말 죄송합니다."

2. 이유는 간략히, 변명은 절대 금지

사과할 때 가장 흔한 실수는 무엇일까? 변명을 섞는 것이다. "그런데 사실..."로 시작하는 순간, 사과는 변명이 된다. 이유를 말하되, 그것이 변명이 되지 않도록 해야 한다.

"확인 과정에서 제 판단이 부족했습니다."
"어떤 이유가 있든 제가 챙기지 못한 잘못입니다."

3. 개선 의지 전달하기

사과의 마지막은 다시는 이런 일이 없도록 하겠다는 다짐이다. 상대가 원하는 건 죄책감 표현이 아니라 재발 방지의 약속이다. 구체적인 개선 방안이 있으면 가장 좋다.

"다시는 같은 일이 없도록 조치하겠습니다."
"앞으로는 이중 확인 시스템을 도입해서 진행하겠습니다."

실패하는 감사와 사과: 타이밍과 태도의 차이

감사가 실패하는 이유는 단순하다. 타이밍을 놓치거나, 구체성이 없을 때다. 행사가 끝난 후에 '다음에 회식 자리에서 말해야지.'라고 마음 먹어도 말하지 않으면 상대는 알 수 없다. 또 "너무 고생했어. 정말 고맙고."와 같은 말도 좋지만 무엇에 감사하는지 명확하지 않으면 형식적으로 들린다.

사과가 실패하는 이유는 더 명확하다. "그럴 의도는 아니었어요.", "이렇게 될 줄은 몰랐어요.", "제 잘못이 아닌데요." 이런 말들이 나오는 순간 변명이 된다. 상대는 당신이 책임을 지지 않으려한다고 느낀다.

저자의 경험 – 첫 대응이 모든 걸 결정한다

공공기관에서 일하며 가장 확실히 배운 한 가지를 꼽으라면 실수 후 첫 대응이다.

한 번은 주민이 원치 않는데 얼굴이 공개된 사진이 보도자료에 함께 나간 적이 있었다. 담당 부서와 주민 간 소통이 어긋나면서 생긴 일이었다. 다음 날 아침 항의 전화가 걸려왔다.

"이 사진 뭡니까? 동의도 안 했는데 왜 우리 사진이 인터넷 기사에 나오는 거예요!"

전화기 너머 목소리는 이미 화가 단단히 나 있었다. 순간 머리가 하얘졌지만 회피보다 먼저 떠오른 건 하나의 원칙. '변명하지 말고, 바로 인정하자.'

"죄송합니다, 어머니. 확인해 보니 저희 쪽 소통 실수였습니다. 지금 즉시 언론사에 연락해 사진을 내리도록 하겠습니

짧은 침묵 후에 상대의 목소리가 한풀 누그러졌다.

그 이후 담당 부서는 우리와 더 협조적인 관계가 되었다. 실수를 본인 부서에 떠넘기지 않고, 적극적으로 해결했기 때문이다. 빠른 사과와 명확한 대응은 언제나 신뢰를 남긴다.

언론 대응에서도 비슷한 경험을 했다. 한 기자가 기사 통계 수치가 의심스럽다며 전화를 걸어왔다. 틀린 내용은 아니었지만, 해석에 따라 오해의 소지가 있었다. 이런 상황에서는 "저희가 제공한 자료가 맞습니다"라고 우길 수도 있었다. 하지만 나는 다르게 접근했다.

기자는 잠시 웃더니 말했다.

“그렇게 솔직하게 말씀하시면 저희도 조정할 여지가 생기죠.”

결국 기사는 부드럽게 수정되었다. 그때 깨달았다. 사과는 굽히는 게 아니라, 태도를 바로 세우는 일이라는 걸.

관계의 골든타임: 말을 미루지 않는 기술

응급실에서는 “몇 초, 몇 분”이 생명을 가른다면, 직장에서는 “몇 시간, 며칠”이 신뢰를 가른다. 감사와 사과의 타이밍이 골든 타임인 이유이다.

감사는 해야 할 때를 놓쳐서 전하면 상대는 ‘이제서?’라고 느낀다. 계산처럼 보이기도 한다. 진심은 의심받는다. 사과는 시간을 미룰수록 화를 얻는다. 뒤늦은 사과는 변명으로 변질될 뿐이다.

반대로 제때 감사를 전하는 사람은 상대의 신뢰를 얻는다. 상대에게 진심이라는 증거이기 때문이다. 제때 사과를 하는 사람은 상대의 신뢰를 더 쌓는다. 실수를 숨기지 않고 책임지는 사람이라는 신호이기 때문이다.

결국 관계를 오래 지키는 사람은 말을 미루지 않는 사람이다.

말의 현장에서 얻은 깨달음

관계에도 골든타임이 있다. 늦은 감사는 계산처럼 보이고 뒤늦은 사과는 변명처럼 들린다. 제때 감사를 전하는 사람은 상대의 신뢰를 얻는다.

말센스 카드　　　　　　　　　　　　　　　　　　　　: 감사/사과

 감사: 대상 + 행동 + 결과

"○○프로젝트를 위해 밤낮으로 힘써 주신 △△팀 여러분께 감사드립니다.(대상 + 행동) 여러분 덕분에 행사가 무사히 마무리됐습니다.(결과)."

사과: 인정 + 이유 + 개선 의지

"이번 건으로 불편을 끼쳐 죄송합니다.(인정) 확인 과정에서 제 판단이 부족했고,(이유) 다시는 같은 일이 없도록 조치하겠습니다.(개선 의지)"

• 감사 또는 사과의 말을 선택해 만들어 보세요.

- 함께 야근한 동료에게 감사를 전할 때
- 일정 지연으로 타 부서에 불편을 준 상황
- 외부 기관에 수정 요청을 해야 할 때
- 기타: _______________________

감사 또는 사과 선택
□ 감사   □ 사과

1) 감사를 선택한 경우:
   - 대상: "_______________________"
   - 행동: "_______________________"
   - 결과: "_______________________"

2) 사과를 선택한 경우:
   - 인정: "_______________________"
   - 이유: "_______________________"
   - 개선: "_______________________"

→ _______________________________

→ _______________________________

- 감사와 사과 말센스 훈련

1. 위에서 작성한 감사/사과 문장을 상대에게 전달한다고 가정하고 소리 내어 말해 보세요.
2. 감사할 때는 진심이 담긴 톤으로, 사과할 때는 책임을 인정하는 진중한 톤으로 말하세요.

04 근거 있는 부탁, 대안 있는 거절

– 관계를 지키는 '선 긋기'의 말센스

거절하지 못한 것의 대가

공공기관에 들어온 지 얼마 안 됐을 때였다. 여전히 모든 부서장의 부탁이 거절할 수 없는 명령처럼 느껴지던 시절. 누군가 불러주는 것만으로도 감사했던 때였다.

어느 날 부서장이 나를 불렀다.

"은희씨, 부탁이 하나 있는데요."
"네, 편하게 말씀해 주세요."

아직 무엇을 부탁받을지도 모르면서 수락해버린 거나 다름없는 말을 해버렸다.

"A국장님 가족이 주말에 결혼식을 했거든요, 감사 인사 몇 줄 써줬으면 하고요."

순간 당황했다. 내가 가지도 않은 결혼식일 뿐만 아니라 얼굴도 모르는 국장이었다.

"부장님, 죄송하지만...저는 그 국장님을 모르는데...왜 제가 써야 하는지 모르겠어요."

그러자 부서장이 웃으며 말했다.

"은희씨가 아직 젊어서 그러는데, 같은 동료의 가족이면 다 가족이에요."

너무도 확고한 그 생각에 더 이상 대꾸할 말이 없었다. 나는 감사 인사를 써서 건넸다.

문제는 그 이후였다. 불쾌한 기분이 쉽사리 가시지 않았다. 내 경계를 넘는 부탁을 거절하지 못한 자신에게 화도 났다. 더 큰 문제는 그 뒤로 비슷한 요청들이 계속 들어왔다는 점이다. "은희씨는 글을 잘 쓰니까"라며 자잘한 현수막 문구까지 내게로 왔다.

명확한 거절이 없으니 상대도 내 역할의 범위를 모른 채 계속 의존했다. 나도 계속 불평하며 일을 했다. 그 불평이 얼굴에 드러났고, 상사는 물론 동료들과 관계도 어색해졌다. 거절하지 못한 것이 나를 더 피곤하게 만들고 상대와 관계도 어색하게 만든 셈이다.

그때부터 진지하게 생각했다. 어떻게 하면 상대의 마음을 상하게 하지 않으면서도 센스 있게 거절할 수 있을까?

부탁과 거절은 협업의 양쪽 날개

부탁과 거절은 둘 중 하나만 잘해서는 안 된다. 관계가 휘어진다. 한쪽은 도움을 요청하며 상대의 시간을 존중해야 하고, 다른 한쪽은 자신의 경계를 잃지 않으면서도 예의를 지켜야 한다.

나는 그 후 몇 년간 수많은 부탁을 했고, 수많은 거절도 했다. 그 경험 속에서 터득한 기술은 단순했다.

부탁의 말 3단 구조

• 1단계 : 이유부터 말한다

'왜 이 부탁이 필요한지'를 먼저 설명하면, 상대는 문맥을 이해한 뒤 수락이나 거절을 판단한다. 상대가 상황을 알면, 자신의 일과 우선순위를 조정할 여지가 생긴다.

"주임님, 이번 보도자료가 지난 사업과 연결돼서 선행 검토가 필요합니다."

148

"이 데이터가 올해 지표 산정에 바로 들어가서, 정확성이
중요합니다."

이렇게 시작하면 상대는 '아, 이게 중요한 일이구나'라고 이해
한다.

• 2단계 : 기한을 정확히 제시한다

'언제까지'가 없으면 상대 일정에 혼선이 생긴다. 상대는 "당
장인가? 언제쯤이 좋은가?"를 고민하며 결정을 미룬다.

"가능하시면 금요일 12시 전에 확인 부탁드립니다."
"오늘 5시 전에 수정본을 받을 수 있을까요?"

명확한 기한이 있으면, 상대는 자신의 일정 안에서 언제 이 일
을 할지 계획할 수 있다.

• 3단계 : 완충 한마디를 더한다

존중을 전하는 신호다. 이 마지막 문장이 부탁을 '명령'에서
'요청'으로 바꾼다. 이 문장으로 상대는 느낀다. "저 사람은 나를
시간이 없는 사람으로 본다"가 아니라, "나를 존중하고 있다"고.

"바쁘시면 편하신 시간대 알려 주세요. 일정 다시 맞춰드릴
게요."

왜 거절이 어려운가?

거절이 어려운 건 많은 경우 '미안함' 때문이다. 상대를 실망시킬 것 같은 죄책감. 하지만 내가 배운 건 이것이다. 애매한 수락이야말로 더 큰 민폐다. "할게요. 근데 언제 할지 모르겠고..." 하면서 계속 미루는 것. 상대는 그 과정에서 거절당한 기분을 느낀다.

이제는 이렇게 말할 수 있다. 명확한 거절은 상대에게 선물이다. 적어도 상대는 다른 방법을 찾을 수 있기 때문이다. 좋은 거절은 단호하지만 매몰차지 않다.

좋은 거절 3단계

• 1단계 : 현재 상황을 간결히 공유한다

핑계가 아니라 정보 제공이다. 거절당했다는 감정이 아닌 불

가능의 상황을 인식하게 한다. 그러면 상대도 그 상황에 대응할
방법을 생각할 수 있다.

"이번 주 마감 일정이 겹쳐서 당장은 어렵습니다."

• 2단계 : 대안을 제시한다

여기가 거절의 핵심이다. 다른 방법을 제시하는 것. 상대는 당
신이 무책임하게 거절하는 게 아니라, 문제 해결을 도우려 한다는
걸 느낀다. 관계의 문이 열린다.

"급하시면 우리 팀 ○○에게 요청이 가능할 듯합니다."

• 3단계 : 다음 여지를 남긴다

이 문장으로 상대는 안심한다. 당신이 진짜 거절하는 게 아니
라, 지금 타이밍이 맞지 않는 것이라 느낀다. 이번은 불가능하지
만 관계는 이어가겠다는 신호를 보낸다.

"다음 주 수요일 이후라면 제가 맡아도 됩니다."

완성된 거절의 말 :
"이번 주 마감이 겹쳐 당장은 어렵습니다. 급하시면 ○○님
이 더 빠를 수 있어요. 다만 다음 주 수요일 이후라면 제가
맡겠습니다."

- 압박하는 톤 → 정보 전달하는 톤

"이건 꼭 해주셔야 해요"

→ "이 부분이 없으면 일정이 멈춥니다. 가능 여부만 먼저 알려 주시면 다음 단계를 조정하겠습니다."

- 비교/비난하는 톤 → 존중하는 톤

"다른 팀은 다 해주던데요"

→ "선례를 참고해 이번에도 같은 흐름으로 진행해보고 싶은데, 부담되면 다른 방법을 함께 찾겠습니다."

- 거절하는 톤 → 경계를 정하는 톤

"그건 제 일이 아니에요"

→ "제 권한에서 바로 처리하기는 어렵습니다. 맡을 수 있는 범위를 정해서 다시 제안드릴게요."

- 핑계대는 톤 → 구체적인 톤

"잘 모르겠지만, 너무 바빠서요"

→ "오늘은 일정이 꽉 찼습니다. 가장 빠르게 가능한 시점이 목요일 오후인데 괜찮으실까요?"

저자의 경험 – 거절의 기술을 배우다

한 번은 다른 부서에서 기획 보도자료를 함께 쓰자는 제안을 해왔다. 내 일정이 이미 꽉 차 있었다. 예의 있게 거절했다.

> "지금은 기존 업무 때문에 새로운 일을 추가로 맡기 어려운 상황이에요. 그 대신 ○○님을 추천 드릴게요. 혹은 부서에서 초안을 작성해 주시고, 제가 특정 파트를 담당하는 방식도 가능합니다."

결과는 의외였다. 그들은 내가 추천한 직원과 일했다. 더 중요한 건 이후로 나에게 무리한 부탁을 하지 않았다는 것이다. 명확한 경계가 있으면 상대도 그 선을 존중한다.

선을 긋는 것이 신뢰다

20년 가까운 직장 생활에서 터득한 한 가지는 이것이다. 부탁은 근거를 보태 정중하게, 거절은 대안을 품어 단정하게. 이 두 가지만 지켜도 내 신뢰는 단단해 진다.

물론 처음에 거절할 때는 어렵다. 왠지 모를 죄책감도 든다. 상대를 실망시키고 싶지 않은 욕심도 생긴다. 하지만 시간이 지나면서 생각이 바뀐다. 현명한 부탁과 명확한 거절의 기술이 협업의 관계를 오래 지킨다는 걸 알게 된다. 상대를 진심으로 존중한다면 거절은 단호하게 하자.

말의 현장에서 얻은 깨달음

상대를 진심으로 존중하는 방법은 때로는 단호한 경계를 긋는 일이다. 그 선이 관계를 더 오래 지킨다. 부탁은 근거를 보태 정중하게, 거절은 대안을 품어 단정하게.

말센스·카드   **: 부탁과 거절**

부탁: 이유 → 기한 → 완충

"지난 사업과 연결돼 선행 검토가 필요합니다.(이유) 금요일 12시 전 확인 부탁드립니다.(기한) 바쁘시면 가능한 시간 알려 주세요.(완충)"

거절: 상황 → 대안 → 여지

"이번 주는 마감이 겹쳐 당장 어렵습니다.(상황) 급하시면 ○○님 경로가 더 빠릅니다.(대안) 수요일 이후라면 제가 맡겠습니다.(여지)"

당신이 마주할 수 있는 상황을 선택해 부탁과 거절의 말을 만들어 보세요.

- 타 부서에 수정본을 요청해야 할 때
- 오늘 중 자료 제출이 힘들 때

1) 이유:
   "___________________________________"

2) 기한:
   "___________________________________"

3) 완충:
   "___________________________________"

최종 부탁/거절의 말
→ "___________________________________"

• 부탁과 거절 말센스 훈련

1. 위에서 작성한 부탁/거절의 말을 상대에게 전달한다고 가정하고 소리 내어 말해 보세요.

2. 부탁할 때는 상대를 존중하는 태도로, 거절할 때는 명확하면서도 따뜻한 톤으로 말하세요.

05 감정은 다투지 말고, 말로 조율하라

– 싸움을 대화로 바꾸는 완충어

방송 직전, 감정이 폭발하던 순간

생방송 프로그램 제작에 1년 동안 참여했던 적이 있다. 그날도 평범한 제작 일정이라고 생각했다. 하지만 방송 직전, 예상치 못한 문제가 터졌다. 일반인 출연자가 갑자기 출연을 취소했다. 제작진은 혼란에 빠졌다. 연출팀과 작가팀의 의견이 엇갈렸다.

연출팀: "리포터 스튜디오 분량을 늘리자"
작가팀: "예비 VCR(영상)을 틀자"

둘의 의견이 좀처럼 좁혀지지 않았다. 시간은 계속 흐르고, 방송 시작까지 남은 시간은 고작 1시간 남짓이었다. 급기야 서로 큰 소리가 오가는 상황으로 치달았다. 진행자와 패널까지 우리 눈치를 보고 있었다. 스튜디오의 긴장감이 피부로 느껴질 정도였다.

그 순간 담당PD가 우리를 향해 눈을 맞추며 말했다.

그 한마디에 모두가 멈췄다. 자존심을 따지던 사람들이 고개
를 끄덕였다. 작가팀은 자신들의 의견이 무시당했다고 느끼지 않
았다. PD가 먼저 "일리가 있다"고 인정했기 때문이다. 연출팀도
자신들의 승리라고 생각하지 않았다. PD가 책임을 지겠다는 말
이 또렷이 남았기 때문이다.

그 한마디가 없었다면 그날 방송은 엉망이 되었을지도 모른
다. 불이 한참 타오르고 있는데, PD는 먼저 상대의 말을 인정하
고, 자신이 책임지겠다는 단호함으로 감정을 식혔다.

그날 내가 배운 건 이것이었다. 싸움을 이기는 방법이 아니라,
싸움을 멈추는 말의 기술이었다.

민원 항의전화에서 배운 진정의 말

공공기관에도 비슷한 일이 많다. 어느 날 민원인이 격앙된 목
소리로 항의 전화를 걸어왔다. 음성이 높고, 분노가 그대로 드러

났다. 건너편에 앉아 있는 내게까지 전화기 목소리가 다 들릴 정도였다.

> "무단으로 홍보 문자를 보내면 어떻게 해요! 제가 신청한 적도 없는데, 계속 들어오니까 얼마나 피곤하겠어요!"

담당자도 당황한 모습이었다. 하지만 이내 놀라운 반응을 보였다. 단 한 문장으로 상황을 진정시켰다.

> "아이고, 선생님, 그러셨어요. 정말 귀찮으셨겠네요. 제가 꼭 오늘 안에 해결해 드릴게요."

그 순간 기적 같은 일이 일어났다. 민원인의 목소리가 낮아졌다. 화난 목소리가 사라지고, 약간 미안한 느낌까지 전해졌다.

담당자는 옳고 그름을 다투지 않았다. 먼저 상대의 감정을 인정했다. "귀찮으셨겠어요"라는 한 문장이다. 그리고 행동으로 책임을 보였다. "오늘 안에 해결해 드릴게요"가 그것이다. 분노보다 먼저 감정을 인정해준 말의 힘이었다.

문제 해결의 시작은 언제나 공감의 언어에서 비롯된다. 누가 옳은지 보다 누가 먼저 마음을 다독였는지가 결과를 바꾼다.

같은 말도 순서가 다르면 결과가 바뀐다

직장 생활에서 갈등은 피할 수 없다. 프로젝트 방향을 두고 의견이 엇갈리는 순간. 일정 지연으로 책임이 오가는 상황. 혹은 단 한마디 말이 뜻하지 않게 상대의 마음을 건드리는 경우까지.

상황은 다 다르지만 결론은 비슷하다. 감정이 앞서면 대화는 단절되고, 관계는 멀어진다. 갈등은 문제의 끝이 아니라 태도의 시험대라는 점을 기억해야 한다.

같은 말이라도 완충의 언어를 쓰면 싸움이 대화로 바뀐다. 감정의 온도를 조절하는 건 특별한 화해의 기술이 아니라, 언어의 순서다. 부딪히는 말을 먼저 던지면 싸움이 되고, 부드러운 말을 먼저 던지면 대화가 된다.

갈등 상황에서 필요한 건 알고 보면 간단하다. 세 단계만 지켜도 감정이 폭발하기 전에 관계가 회복된다. 상대의 방어 태세가 풀리고 대화가 시작된다.

갈등을 푸는 말센스 3단 구조

- 1단계 : 완충 – 부드러운 여백으로 시작하기

상대의 말에 곧바로 반박하지 않는다. 한 박자 쉬어주는 표현이 감정의 문이 닫히지 않게 막아준다. 상대는 자신의 말이 일단 '들렸다'는 걸 느낀다. 이 한 문장이 상대를 멈추게 한다. 곧바로 반박이 오지 않으니 상대도 방어 태세를 풀 준비를 한다.

"그런 일이 있었군요."
"그 부분이 문제가 됐군요!"
"그래서 불편했었군요."

• 2단계 : 공감 – 상대의 감정을 대신 말해주기

공감은 논리가 아니라 온도다. 상대의 감정을 먼저 인정하면, 그 다음 논의가 가능해진다. 상대는 이제 "내 말을 들어줬다"에서 "내 감정을 이해해줬다"로 느낌이 깊어진다. 이 문장들은 상대를 전적으로 이해한다는 신호다.

"그 상황이라면 저라도 답답했을 것 같아요."
"그런 일 겪으셨다면 마음이 불편하셨을 것 같습니다."
"지금 기분이 안 좋으실 거 충분히 알겠습니다."

• 3단계 : 제안 – 감정 대신 해결로 방향 돌리기

논쟁보다 필요한 건 대안이다. 미래 시점의 제안은 감정을 정리하고, 관계를 전진시킨다.

과거의 잘못을 따지기보다 앞으로 어떻게 할지를 제시한다. 이 문장들로 상대는 감정을 정리하고, 미래를 향해 함께 나아갈 수 있다고 느낀다.

"그럼 이렇게 진행해 보는 건 어떨까요?"
"다음에는 이런 방식을 시도해 보겠습니다."
"앞으로 이런 상황이 없도록 이렇게 개선해 보겠습니다."

상황별로 세 단계 적용하기

업무 지연으로 불만이 나온 경우

완충: "말씀하신 부분 충분히 이해합니다."
공감: "일정이 늦어져 불편하셨을 거예요."
제안: "다음부터는 중간 점검을 더 자주 해서 이런 상황을 줄이겠습니다."

회의 중 의견 충돌이 생긴 경우

완충: "그 관점도 의미 있다고 생각합니다."
공감: "당신의 입장에서 그렇게 생각하시는 거 충분히 알겠습니다."
제안: "다만 저희 제안 방향도 함께 검토해 보시면 좋겠습

\# 실수로 인한 책임 공방이 벌어진 경우

완충: "이번 일에서 제 책임도 있었습니다."
공감: "당신이 실망하신 거 이해합니다."
제안: "앞으로 같은 문제가 생기지 않도록 절차를 보완하겠습니다."

직장에는 세 가지 싸움이 있다

1. 감정으로 싸우기

이기고 싶어서 목소리가 커진다. 말끝이 뾰족해진다. 상대를 누르려는 표현들이 나온다. 순간은 시원하다. 마침내 내 뜻이 통했다는 착각. 하지만 끝나고 나면 늘 후회가 남는다. 관계에 금이 가고, 상대와의 거리가 멀어진다. 그 후회는 계속 반복된다.

2. 침묵으로 버티기

겉으로는 조용하다. 하지만 속은 들끓는다. 말을 아껴서 관계를 지키려 하지만 현실은? 그 침묵이 관계를 더 멀어지게 만든다. 상대는 당신의 침묵을 무시로 받아들인다. 불만이 계속 쌓이다가 결국 어느 날 폭발한다.

3. 말로 조율하기

이기려 하지 않는다. 다투되 다치지 않는 싸움을 선택한다. 감정은 다투지 않고, 태도로 이긴다. 상대의 말을 먼저 인정한다. 감정을 먼저 어루만진다. 다음에 자신의 생각을 말한다. 그렇게 하면? 상대도 당신의 말을 들을 준비가 된다.

우리는 세 번째 싸움을 배워야 한다. 완충어가 방패가 되고, 공감이 회복의 손길이 되며, 제안문이 평화의 문을 연다. 그 싸움에는 특별한 무기가 있다.

퇴사의 이유는 일이 아니라 관계다

직장인이라면 누구나 안다. 퇴사의 이유가 일이 힘들어서가 아니라 사람과 갈등이 버거워서인 경우가 더 많다는 사실을. 높은 급여도, 흥미로운 일도 관계의 피로 앞에서는 무력하다. 사소한 말 한마디, 무시 한 번이 쌓여 사람을 떠나게 한다.

갈등을 어떻게 풀어 가느냐는 언어 선택에 달려 있다. 갈등의 순간, 말의 순서를 잃으면 마음의 여유도 함께 잃는다. 감정이 앞서면 싸움이 되고, 태도가 앞서면 대화가 된다. 그래서 말센스는 싸움을 멈추게 하는 기술이 될 수 있다. 말 한마디가 상대의 방어 태세를 풀고, 대화의 문을 연다.

그러니 말센스를 길러 감정으로 다투지 말고, 말로 조율하라. 그것이 현명하게 싸우는 방법이다. 전쟁 같은 직장의 갈등 상황 속에도 감정의 유혈사태 없이 관계를 지킬 수 있는방법이다.

말의 현장에서 얻은 깨달음

갈등은 견디는 것이 아니라 조율하는 것. 완충어가 방패가 되고, 공감이 회복의 손길이 되며, 제안문이 평화의 문을 연다. 감정으로 다투지 말고, 말로 조율하라.

내가 겪을 수 있는 갈등 상황을 떠올려 조율하는 말을 만들어
보세요.

　1단계 : 완충어(상대의 말 인정하기)

　——————————————————————

　2단계 : 공감문(상대의 감정 먼저 말해주기)

　——————————————————————

　3단계 : 제안문(미래로 방향 돌리기)

　——————————————————————

내 갈등 조율의 말

→　——————————————————————

• 갈등 조율 말센스 훈련

1. 위에서 작성한 3단 조율의 말을 상대에게 전달한다고 가정하고
소리 내어 말해 보세요.

2. 완충어에서는 상대를 인정하는 따뜻함으로, 공감문에서는 감
정 이해의 진심으로, 제안문에서는 함께할 의지를 담아 말하세요.

06 축하와 격려의 기술, 거리에서 시작된다

– 진심을 전달하되, 부담은 주지 말 것

말은 감정의 시소

누군가의 성취를 함께 기뻐해 주고, 다시 도전하는 마음을 응원할 때 그 관계는 한층 깊어진다. 하지만 진심도 거리를 모르면 부담이 된다. 가까이서 쏟아내는 감정은 피로를 낳고, 너무 멀리서 던지는 말은 형식이 된다. 그래서 축하와 격려는 예의가 아니라 균형의 기술이다.

말은 감정의 시소와 같다. 한쪽으로만 무게가 실리면 관계는 금세 기울어진다. 너무 일찍 건네면 진심보다 형식이 앞선다. 상대가 아직 그 성취를 자신의 것으로 받아들이지 못했을 때 축하받으면 오히려 어색하다. 반면에 너무 늦게 건네면 공감보다 거리감이 남는다. 때를 놓친 축하는 "왜 지금?" 하는 의문을 남긴다.

시소가 수평을 이루는 순간, 그때가 바로 감정이 오가는 최적의 타이밍이 된다. 축하도, 격려도, 그 수평 지점을 맞추는 사람이 관계를 오래 지킨다.

말은 교류다, 일방통행이 아니다

커뮤니케이션 이론에서 말은 '전달'이 아니라 '교류'로 정의된다. 보내는 사람과 받는 사람의 해석이 만나야 비로소 대화가 완성된다. 같은 맥락으로 보면, 축하나 격려의 말도 마찬가지다. 내가 얼마나 진심인지보다, 상대가 그 말을 어떻게 받아들였는지가 더 중요하다. 축하의 말은 결과를 인정하는 언어이고, 격려의 말은 가능성을 믿는 언어다. 둘은 방향이 다르지만, 모두 상대의 '기분과 시점'을 중심에 두어야 한다.

그래서 축하와 격려는 말보다 '시선'에서 시작돼야 한다. 상대가 지금 어떤 마음의 위치에 있는지를 먼저 읽어야 한다. 그래야 그 말이 내게 기울지 않고 상대에게 가서 닿는다.

축하의 말: 성과 + 의미 + 응원

축하는 성과를 짚되 감정을 얹고 앞으로 기대를 남기는 구조다. 진심을 부담 없이 전달하는 가장 안정적인 방식이다.

1. 성과를 명확히 인정하기

결과를 인정하며 시작한다. 상대는 당신이 그 성취를 정확히 알고 있다는 느낌을 받는다.

2. 과정에 의미 부여하기

성과에 도달하기까지 노력을 기억해 주는 한 문장이 진심을 만든다. 상대는 당신이 그 결과 뒤의 노력과 시간을 봤다고 느낀다.

3. 응원으로 마무리하기

관계를 미래로 확장시킨다. 축하가 그 순간에만 머물지 않도록 앞으로의 기대를 남긴다.

“다음 프로젝트도 함께 좋은 결과 만들어갑시다.”

완성된 축하의 말 : “○○ 프로젝트 완수를 축하드립니다.
이 성과는 팀 전체의 노력이 만든 결실입니다. 앞으로도 좋
은 결과가 이어지길 바랍니다.”

격려의 말: 노력 + 믿음 + 지원

격려는 위로가 아니라 회복의 언어다. 상대가 다시 일어설 수
있도록 ‘믿음’을 전하는 구조가 핵심이다.

1. 노력을 먼저 인정하기

결과보다 ‘노력’을 먼저 짚는 것이 신뢰의 출발점이다. 상대는
당신이 결과만 보는 게 아니라 과정을 이해한다고 느낀다.

“이번 준비 과정이 쉽지 않았을 텐데 정말 수고 많으셨어요.”
“얼마나 열심히 준비하셨는지 충분히 알고 있습니다.”
“그동안 애쓰신 모습이 다 보였어요.”

2. 믿음을 명확히 전달하기

상대의 가능성을 보려는 시선이 힘이 된다. 결과에 대한 불안
감보다 당신의 신뢰가 상대의 마음을 지탱한다.

“지금까지 과정을 보면, 이번에도 잘 해내실 거라 믿습니다.”

"당신의 역량을 알고 있습니다. 분명 잘 될 거예요."
"그동안 준비한대로만 하면 충분히 좋은 결과 있을 거예요."

3. 지원을 구체적으로 약속하기

격려의 완성은 행동의 여지를 남기는 것이다. 말뿐 아니라 현실의 도움을 약속한다.

"필요하면 언제든 도와드리겠습니다."
"막힐 때면 언제든 연락하세요."
"이 부분은 제가 담당하겠습니다."

완성된 격려의 말 :
"준비하느라 정말 애쓰셨죠. 결과가 어찌 되든 이미 과정에서 최선을 다하셨습니다. 이번에도 잘 해내실 거라 믿어요. 필요한 게 있으면 언제든 도와드리겠습니다."

실패하는 축하와 격려: 부담이 되는 말들

칭찬이나 격려라고 무심코 건넨 말들이 '부담'으로 바뀔 때가 있다. 말은 했지만 의미도 없고 관계도 달라지지 않는다.

- 일반적이고 막연한 칭찬 → 구체적인 성과 인정

"요즘 너무 잘 나가시던데요."

→ "이번 프로젝트에서 정말 좋은 결과를 만들어내셨
네요."

• 의도가 불분명한 말 → 진심을 담은 축하

"언제 팀장님이 다 되셨어요?"
→ "승진 진심으로 축하드려요. 그동안 애쓰신게 인정받은
것 같아 저도 기뻐요."

• 일괄적인 감사 → 구체적인 인정

"다들 고생 많으셨습니다."
→ "이번 일정에서 ○○님은 특히 △△ 부분을 잘 챙겨주셨
어요. 정말 감사했습니다."

• 결과를 운으로 돌리기 → 노력의 결과 인정

"이번엔 운이 좋았나봐요."
→ "철저한 준비가 이런 좋은 결과를 만들었네요."

• 막연한 위로 → 믿음 담은 격려

"괜찮아요, 다 잘될 거예요."
→ "지금까지 보여주신 노력이 있으니 잘 해낼 거라 확신합
니다."

관계를 오래 가게 하는 말은 '내용'이 아니라 '맥락'에 있다. 축하의 말은 결과보다 노력을 짚을 때 진심이 되고, 격려의 말은 위로보다 믿음을 담을 때 힘을 가진다. 관계를 오래 가게 하는 말은 '내용'이 아니라 '맥락'에 있다는 것을 기억하자.

저자의 경험 – 말의 피드백이 팀을 성장시킨다

내가 몸담고 있는 공공기관에서는 사실 축하나 격려의 말이 흔하지 않다. 성과보다 절차가 중요한 조직에서는 감정을 표현하는 일이 낯설고, 때로는 조심스럽기 때문이다.

그래서 나는 의식적으로라도 그 말을 꺼내려 한다. 중요한 행사나 업무가 끝난 후에 작게라도 칭찬할 거리를 찾아 말한다.

"이번엔 일정이 정말 매끄럽게 진행됐어요."
"○○부서가 취재 포인트를 잘 잡아줘서 기사 퀄리티가 달라졌네요."

이 짧은 한마디에 협조 분위기가 달라진다. '내가 한 일이 보였다'는 감정은 사람을 움직인다. 일을 하는 이유가 '해야 하니까'에서 '인정받고 있다'로 바뀐다.

방송국 시절에도 비슷한 일이 있었다. 생방송이 끝난 뒤 스태

프들끼리 "수고했어." 한마디만 건네도 피로가 절반은 줄었다. 하지만 거기에 한 문장이 더해지면 놀라운 일이 생겼다.

"오늘 ○○코너가 유독 좋던데, 우리도 보면서 한참 웃었잖아!"

이런 말은 칭찬을 넘어서 다음을 더 힘내서 준비하게 만드는 마법이 됐다. 구체적인 성과를 언급하고, 그것이 사람들에게 어떤 영향을 미쳤는지를 말했을 때, 스태프들의 눈빛이 달라졌다. 피로는 사라지고, 자부심이 생겼다.

이런 '말의 피드백'은 팀을 성장시킨다. 현재 직장에서 드물지만 이런 말을 하는 팀들이 있었다. "그래도 우리 한번 해보죠.", "다른 방법이 분명 있을 거예요." 그런 팀은 뭔가 달랐다. 어려운 과제도 끝내 해냈고, 승진자도 많이 나왔다.

격려는 단순히 기분을 좋게 하는 말이 아니다. 성과를 현실로 만드는 태도다. 팀의 분위기가 긍정적이면 불가능해 보이는 일도 가능으로 바뀐다. 그 분위기는 짧은 한 문장에서 시작된다.

축하와 격려는 관계의 투자다

축하의 말과 격려의 말은 즉각적인 성과를 낳지는 않는다. 하지만 장기적으로는 관계를 지키고 팀의 동력을 만드는 가장 강력한 투자다. 누군가의 노력을 봐줄 때 그 사람은 다시 일어선다. 누군가 가능성을 믿어줄 때 그 사람은 그 믿음에 응한다. 그것이 직장에서 관계를 오래 지키는 기술이다.

말의 현장에서 얻은 깨달음

축하의 말은 결과가 아니라 노력을 볼 때 진심이 되고, 격려의 말은 위로가 아니라 믿음을 담을 때 힘을 가진다. 그것이 직장에서 관계를 오래 지키는 가장 작고도 가장 강력한 기술이다.

말센스 카드   : 축하와 격려

 축하: 성과 + 의미 + 응원

"그간의 노력이 결실을 맺은 순간이네요.(의미) ○○ 프로젝트 완수를 진심으로 축하드립니다.(성과) 앞으로도 함께 좋은 결과를 만들어갑시다.(응원)"

격려: 노력 + 믿음 + 지원

"보여주신 열정과 노력이 인상 깊었어요.(노력) 이번에도 충분히 잘 해내실 거라 믿습니다.(믿음) 필요한 게 있으면 언제든 도와드리겠습니다.(지원)"

● 축하/격려의 말 만들기

당신이 자주 마주하는 상황을 선택해 문장을 만들어 보세요.(승진한 동료 축하, 중요한 발표 앞둔 직원 격려 등)

□ 축하　　　□ 격려

축하를 선택한 경우:
　1) 성과: "＿＿＿＿＿＿＿＿＿＿"
　2) 의미: "＿＿＿＿＿＿＿＿＿＿"
　3) 응원: "＿＿＿＿＿＿＿＿＿＿"

격려를 선택한 경우:
　1) 노력: "＿＿＿＿＿＿＿＿＿＿"
　2) 믿음: "＿＿＿＿＿＿＿＿＿＿"
　3) 지원: "＿＿＿＿＿＿＿＿＿＿"

나의 축하/격려의 말
　→ "＿＿＿＿＿＿＿＿＿＿"

● 축하와 격려 말센스 훈련

1. 위에서 작성한 축하/격려의 말을 상대에게 전달한다고 가정하고 소리 내어 말해 보세요.

2. 축하할 때는 상대의 성취를 진심으로 기뻐하는 톤으로, 격려할 때는 상대를 믿는 따뜻한 톤으로 말하세요.

4장

15년 차 팀장을 위한 리더의 품격 말센스

품격은 말투에서,
신뢰는 태도에서 드러난다

리더의 한마디가 팀의 공기를 바꾼다.
리더의 한 문장이 팀의 방향을 정한다.
조직의 품격은 리더의 태도에서 완성된다.

01 격식은 지키되 말은 따뜻하게

같은 글이 만드는 세 가지 온도

행정에서는 지방이나 서울이나 비슷한 모습들의 행사들이 비슷한 시기에 개최된다. 신년회, 시상식, 체육대회, 축제. 같은 형식의 행사가 반복된다. 12년간 같은 내용의 인사말을 시장, 구청장 등 여러 단체장을 위해 작성했다.

흥미로운 점은 이것이다. 같은 글인데 리더에 따라 완전히 다른 공기가 만들어졌다는 점. 신년회 인사말을 예로 들어본다. 기본 구조는 같다. 지난 성과 인정 후 올해의 비전을 나누고, 함께 나아가자는 메시지.

\# 원고에 갇힌 A구청장

A구청장은 단상에 서면 늘 윗옷 주머니에서 원고를 꺼냈다.

시선을 종이에 고정하고, 단어 하나 놓치지 않으려는 듯 조심스
레 문장을 읽었다.

목소리는 단조로웠고, 행사 내내 청중을 마주하지 않았다. 단
어는 정확했지만, 공기는 무겁게 가라앉았다. 그의 말은 청중의
귀에는 닿았지만, 마음에는 닿지 않았다.

행사 후 주민들의 평가는 이랬다.

원고를 참고한 B시장

다른 지역의 B시장은 원고를 참고했다. 펜으로 주요 포인트를
표시하고, 나머지는 현장감으로 더했다. 단상에 섰을 때 그의 시
선은 청중을 향했다.

원고에 없는 말이었다. 하지만 자연스러웠다. 수고했다는 같
은 내용이지만, 말이 아니라 '대화'처럼 들렸다. 청중은 고개를 끄
덕였다. 행사 후 참석자들의 평가는 달랐다.

"우리 시장님은 사람이 볼수록 참 편해."

원고를 자신의 말로 소화한 C구청장

또 다른 구청장은 더 인상적이었다. 그는 원고를 사전에 충분히 읽었고, 내용을 완전히 자신의 것으로 만들었다. 단상에 섰을 때 원고는 필요하지 않았다.

"새벽이 오기 전이 가장 어둡다고 합니다."

눈빛에 힘이 있었고, 표정에서 진심이 느껴졌다. 중간 중간 말을 멈추고 청중을 바라봤다. 마치 '우리가 함께 한다'는 메시지를 눈으로 전하는 것 같았다. 행사 후 주민들의 반응은 확실했다.

"내년에는 진짜 구청장 말처럼 좋은 일들만 있으면 좋겠어."

왜 이런 차이가 생길까?

사례	시선	말투	청중 반응
A	종이에 고정	단조로움	침묵
B	종이 ↔ 청중	자연스러움	긍정적
C	청중 중심	온기 있음	메시지 이해

핵심은 무엇을 청중과 나눌 것인가에 있다. A구청장은 '이 글'

을 완벽하게 전하려는 의도였다. 그래서 실수하면 안 됐다. 이 강박이 경직된 말을 만들고 현장의 분위기는 무거워졌다. B시장은 청중과 호흡해야 한다는 목적이 있었다. 글의 의도를 살려 내 말로 표현하려는 의도는 있지만 여전히 원고에는 매여 있다. 그래서 말로 자신을 다 보여주지 못했다. 마지막 C구청장은 청중에게 무엇을, 어떻게 전할지에 대해 고민했고 자신의 것으로 만들었다. 그래서 자신도 보여주면서 메시지도 전달할 수 있었다.

같은 말이 다르게 전달되는 이유는 무엇일까? 결국 태도의 문제로 돌아간다. 좋은 문장이라도 그 문장을 누가, 어떻게 말하는가에 따라 결과가 달라진다는 것을 말의 현장에서 직접 목격했다.

여전히 많은 리더가 착각한다. "좋은 글이 있으면 잘 전달할 수 있을 것이다."라고.

아니다. 현장은 다르다. 글은 형식이고, 리더의 태도가 내용이다. 좋은 글도 형식적인 태도로 읽으면 진심은 사라진다. 평범한 문장도 진심 어린 태도로 말하면 심장을 친다.

이를 이론적으로 설명한 것이 잘 알려진 '메라비언의 법칙(Mehrabian's Rule)'이다. 대화에서 상대방에게 영향을 미치는 요소로 말의 내용이 7%, 목소리 억양과 속도, 톤이 38%, 표정이나 태도와 같은 비언어적 요소가 55%이다. 즉, 리더의 말에서 가장 강력한 것은 문장이 아니라 태도라는 점이다.

인사말은 '틀 안의 진심'으로 완성된다

많은 리더가 고민한다. "격식을 지키면서도 사람다울 수 있을까?", "정해진 틀을 벗어나면 전문성이 떨어지지 않을까?"

맞는 고민이다. 현장에서 격식은 중요하다. 하지만 격식에만 갇히면 소통은 끊긴다.

앞의 A구청장은 '완벽한 전달'에 집착했다. 글을 완벽하게 읽으려고 노력했다. 하지만 그 노력이 역효과를 낳았다. 강박은 거리를 만들고, 거리는 신뢰를 깬다.

C구청장은 다르게 생각했다. 격식은 형식이 아니라 태도에서 나온다. 그는 원고를 완벽하게 암기하려고 하지 않았다. 대신 글이 담은 의도를 완벽하게 이해했다. 그 이해가 현장에서 태도로 드러났다. 격식 있으면서도 따뜻한 태도가 만들어졌다.

격식은 규칙을 지키는 것이다. 신뢰의 기초가 된다. 그러나 태도는 규칙 안에서 사람을 보는 것이다. 그래서 신뢰가 완성된다.

격식 있으면서 따뜻한 인사말의 5단계

• 1단계: 호명 – 청중을 정확히 인식시키기

누가 여기 있는가를 명확히 한다. 그리고 각각을 존중한다는 신호를 보낸다.

"존경하는 ○○님, 그리고 내 · 외빈 여러분."

• 2단계: 감사 – 시간을 내어준 것에 대한 인정

이 모임이 소중하다는 메시지와 함께 시간을 내어 준 상대의 노력을 알아준다.

"바쁘신 와중에도 참석해 주셔서 진심으로 감사드립니다."

• 3단계: 의미와 목적 – 왜 여기 모였는가?

행사가 열린 명확한 목적과 공동의 이유를 확인시켜 준다.

"오늘 행사는 ○○를 기념하고, 함께 ○○를 도모하기 위해 마련됐습니다."

• 4단계: 핵심 메시지 – 리더가 정말 전하고 싶은 말

개인의 진심이 드러나는 부분이다. 원고보다는 '표현'이 중요하다.

"이 자리가 우리가 함께 나아가는 새로운 시작이 되길 바랍니다."

• 5단계: 마무리 인사 – 따뜻하게 끝내기

청중과 연결고리를 유지할 수 있게 긍정적인 표현으로 마무리한다.

"뜻깊은 시간이 되시길 바라며 다시 한번 감사드립니다."

이 구조는 격식을 잡아주는 틀이다. 틀이 있으면 실수를 줄일 수 있고, 말이 흔들리지 않아 태도에 집중할 수 있다. 그래서 틀 안에서 진심을 전할 수 있다.

상황별 인사말 예시

• 신년회

호명: "존경하는 여러분."
감사: "지난 한 해 모두 고생 많으셨습니다."
의미: "각자의 자리에서 최선을 다해 주신 덕분에 우리 부서가 또 한 발 나아갈 수 있었습니다."
핵심: "올해는 새로운 도전의 해가 될 것입니다. 어려움도 많겠지만, 우리가 함께라면 충분히 해낼 수 있을 것 같습니다."

마무리: "이 자리가 우리의 새로운 시작이 되기를 바라며, 다시 한 번 감사드립니다."

• 환영식

호명: "새로 합류하신 분들."
감사: "우리 팀에 새로운 얼굴이 들어올 때마다 감사합니다."
의미: "이분들이 우리 팀에서 행복하게 일할 수 있기를 바라는 마음으로 자리를 마련했습니다."
핵심: "함께 성장하고, 서로 배우며, 즐겁게 일하는 팀이 되길 기대합니다."
마무리: "환영합니다."

• 시상식

호명: "존경하는 내 · 외빈 여러분."
감사: "헌신과 성과로 우리 조직을 이끌어주신 분들을 함께 축하합니다."
의미: "개인의 노력도 중요하지만, 결국 조직의 성과는 우리가 얼마나 함께 문제를 풀어가느냐에 달려 있습니다."
핵심: "오늘 수상하신 분들과 그 분들을 지켜준 동료들 모두에게 깊은 감사를 드립니다."
마무리: "뜻깊은 시간이 되시길 바랍니다."

• 송년회

호명: "존경하는 내 · 외빈 여러분."
감사: "한 해를 마무리하는 이 자리에 함께해 주셔서 감사
드립니다."
의미: "올 한 해는 우리 모두에게 도전의 시간이었습니다."
핵심: "새해에는 더 큰 기회와 성장이 우리를 기다리고 있
을 것입니다."
마무리: "오늘 이 자리가 지난 시간을 돌아보고, 함께 새로
운 출발을 다짐하는 뜻깊은 시간이 되길 바랍니다."

저자의 경험 – 품격은 태도에서 나온다

12년간 다양한 리더의 인사말을 들으며 배운 것이 하나 있다. 리더가 기억되는 이유는 완벽한 문장 때문이 아니라, 따뜻한 태도 때문이었다. 격식은 형식이지만, 태도는 품격이다. 좋은 인사말은 정해진 틀을 완벽하게 따르는 게 아니라, 그 틀 안에서 자신의 진심을 전하는 것이다.

한 리더의 한마디가 팀의 공기를 바꾼다. 형식적인 인사가 팀을 침묵하게 하고, 진심 어린 인사가 팀을 활기차게 한다. 그래서 리더의 말센스는 조직을 이끄는 리더십의 기초다. 당신이 단상에 설 때 당신의 태도가 팀의 온도를 결정한다. 그것이 리더의 책임

이고, 리더의 힘이다.

말의 현장에서 얻은 깨달음

격식은 형식이지만, 태도는 품격이다. 리더가 기억되는 이유는 완벽한 문장 때문이 아니다. 따뜻한 태도 때문이다. 좋은 인사말은 정해진 틀에 매이지 않고 그 틀 안에서 자신의 진심을 전한다.

말센스 카드   : 격식 있는 인사말

호명 + 감사 + 목적 + 핵심 메시지 + 마무리

"존경하는 ○○님과 내·외빈 여러분(호명) 바쁘신 중에도 참석해 주셔서 감사드립니다.(감사) 오늘은 △△를 기념하고, □□를 도모하기 위해 마련된 자리입니다.(의미) 이 자리가 우리가 함께 나아가는 시간이 되길 바랍니다.(핵심 메시지) 뜻깊은 시간이 되시길 바랍니다.(마무리)"

• 격식 있는 인사말 만들기

공식 행사나 팀 회의를 선택해 5단계 인사말을 만들어 보세요.

상황

"_______________________________________"

5단계로 인사말 만들기

1) 호명(누가 여기 있는가)

　"_____________________________________"

2) 감사(시간을 내어준 것에 감사)

　"_____________________________________"

3) 의미와 목적(왜 모였는가)

　"_____________________________________"

4) 핵심 메시지(리더가 정말 전하고 싶은 말)

　"_____________________________________"

5) 마무리 인사(따뜻하게 끝내기)

　"_____________________________________"

나의 인사말

→ "_____________________________________"

1. 위에서 작성한 인사말을 실제 단상에서 말한다고 가정하고 소리 내어 말해 보세요.

2. 원고를 완벽하게 암기하려 하지 말고, 의도를 이해한 후 자신의 표현으로 말하세요.

02 뻔하지 않은 건배사

– 남들과 다르게, 그러나 가볍지 않게

피할 수 없다면 준비하자

회식 자리에서 누군가 갑자기 "○○님, 건배사 한번 해주시죠!"라고 말한다. 머릿속이 잠시 하얘진다. 눈이 커진 선배, 입꼬리가 굳은 후배, 속으로 "제발 나만 아니기를…" 바라는 동료들.

회식 문화가 많이 달라졌다고는 하지만, 직장인이라면 한두 번쯤은 갑작스러운 건배사 요청에 당황한 적이 있을 것이다.

건배사는 짧지만 많은 걸 요구한다. 센스도 있어야 하고, 분위기도 읽어야 하고, 가볍게 웃기되, 너무 가벼워서도 안 된다. 그 몇 초 사이에 자리의 공기가 결정된다. 결국 이 자리를 편안하게 만드는 사람은 직급이 높은 사람이 아니라, 자연스럽게 분위기를 읽는 사람이다. 건배사는 '말을 잘하는 시간'이 아니라 '나를 자연스럽게 보여줄 시간'이다.

좋은 건배사의 안전지대

건배사에서 유머는 양날의 검이다. 잘 쓰면 자리의 긴장을 풀어주지만, 잘못 쓰면 분위기를 얼어붙게 만든다. 심리학자 애런스와 맥기(Aarons & McGhee)는 유머가 조직 내 긴장을 완화하고, 구성원 간 결속력을 높이는 '사회적 완충 장치' 역할을 한다고 분석했다.

유머에도 안전지대가 있다. 유머는 상대를 웃기는 기술이 아니다. 서로를 편하게 만드는 거리 조절의 기술이다. 진심이 바탕이 된 유머는 사람들의 방어를 풀고, 한 번의 웃음이 공동체의 긴장을 풀어준다. 좋은 건배사는 바로 그 '안전지대'에서 시작된다. 웃음은 있지만 누구도 불편하지 않은, 가볍지만 진심이 느껴지는. 그게 바로 건배사의 말센스다.

건배사 준비 5원칙

• 원칙1 : 검색하지 않는다

검색어를 복사한 건배사는 웃길 수는 있어도, 기억에는 남지 않는다. 인터넷에는 이미 누군가가 써본 문장들이 넘쳐난다. "청바지(청춘은 바로 지금)", "마돈나(마시고 돈 내고 나가자)" 같은 표현은 이제 피로하다. 때로는 선정적 농담으로 불쾌함을 주기도 한다.

자신만의 표현으로 기억에 남는 건배사를 만들자.

• 원칙2 : 나의 이야기를 담는다

누구나 공감할 수 있는 일상의 한 장면, 지금의 기분을 짧게 전하는 것이 좋다.

> "오늘 아침에 커피를 쏟아서 하루가 엉망일 줄 알았는데, 이렇게 웃으며 마무리하니 괜찮은 하루가 된 것 같습니다. 제가 '오늘 하루는?' 하면, '괜찮은 하루!'로 외쳐주세요!"

• 원칙3 : 명언이나 책 속 구절을 변주한다

완전히 내 말로 바꾸되, 원문의 의미는 살린다.

> (선창) "우리는 별을 향해 달려간다, 비록 가끔 진흙 속을 건더라도!(책 '어린왕자' 속)" → (후창) "그래도 달려보자!"

• 원칙4 : 응원이 필요한 자리라면 '격려형'으로

어려운 시기를 함께 버텨온 사람들이 모인 자리라면 힘을 북돋울 수 있는 건배사를 준비한다.

"요즘 다들 힘들죠. 그래도 우리가 버틸 수 있는 이유는 서로 덕분이죠. 제가 '우리의 이유는?' 하면, '우리니까!'로 외쳐주세요!"

• 원칙5 : 분위기 전환이 필요할 땐 '재치형'으로

무거운 공기를 가볍게 풀어주는 짧은 문답형 건배사이다. 다양하게 준비해 두면 어느 자리에서나 요긴하게 쓸 수 있다.

(선창) "다이어트는?" → (후창) "내일부터!"
(선창) "올해 목표는?" → (후창) "월급 오르게!"
(선창) "일은 가볍게!" → (후창) "웃음은 더 가볍게!"

피해야 할 건배사

불필요한 겸손 : "제가 이런 걸 잘 못해서요…"
→ 건배사 시작 전부터 집중을 잃는다.

인터넷 복사 : 뻔한 표현들, 이미 누군가 써본 말들
→ 기억에 남지 않고 오히려 식상하다. 내 인상도 식상해진다.

선정적, 저급한 유머 : 불쾌함과 거리감을 만드는 말
→ 순간의 웃음으로 끝나고, 관계에 상처를 남긴다.

건배사는 '웃음의 자리'이지만 가볍게 여기는 것과는 다르다. 기억하자. 말 한마디로도 나의 인품이 드러난다.

저자의 경험 - 나를 담은 한마디의 힘

관공서의 조직문화와 홍보업무 특수성이 합쳐져 유독 더 많은 건배사를 볼 기회가 있었다. 어떤 건배사는 잊히고, 어떤 건배사는 오래 기억됐다. 그 차이는 '나를 담았느냐'였다.

어느 해 연말 회식 자리, 나는 좋아하는 노래 〈오르막길〉을 건배사에 담았다.

"올 한 해, 저에겐 오르막길 같은 시간이었습니다. 계단을 오르듯 숨이 차고, 중간에 멈추고 싶을 때도 많았죠. 하지만 오르막이 있다는 건, 그 끝에 '정상'이 있다는 뜻이잖아요. 내년에는 우리 모두 그 정상에서 야호를 외치는 한 해가 되길 바랍니다. 제가 '○○○○년!' 하면, 다 같이 '야호!'를 외쳐주세요."

잔이 부딪히는 소리보다 웃음과 박수가 더 크게 울렸다. 진심이 담긴 한 문장이 분위기를 자연스럽게 끌어올렸다. 그날의 건배사는 내 이야기를 하면서도 모두의 마음을 잇는 순간이 되었다.

건배사는 리더의 말센스를 가장 가볍게, 그러나 가장 진심 있게 보여주는 순간이다. 짧은 웃음과 여운 사이에서, 리더의 태도가 완성된다.

말의 현장에서 얻은 깨달음

건배사를 검색하지 말고, 건배사에 나를 담으라. 뻔하지 않되, 가볍지 않게. 짧은 웃음 속에서도 당신의 진짜 모습이 드러난다.

말센스 카드

: 건배사

나의 이야기 + 짧은 메시지 + 합창 문장

"오늘 아침에 ○○했는데, (나의 이야기) 이렇게 마무리하니 △△한 하루가 된 것 같습니다. (짧은 메시지) 제가 '○○!' 하면, '△△!'로 외쳐주세요!" (합창 문장)

다음 회식 자리를 준비해 보세요. 오늘 하루 중 가장 기억에 남는 한 장면을 건배사로 만들어 보세요.

1) 오늘의 순간

"오늘 ○○ 했는데, ___________________________"

2) 짧은 메시지

"이렇게 마무리하니 ___________________________"

3) 합창 문장

"제가 '○○!' 하면___________________________'로 외쳐주세요!"

나의 건배사

→ "___________________________"

• 건배사 말센스 훈련

1. 위에서 만든 건배사를 소리 내어 여러 번 말해 보세요.
2. 원고를 완벽하게 암기하지 말고, 의도를 이해한 후 자신의 리듬으로 말하세요.

03 기억에 남는 이별의 말

작별 인사는 공연의 커튼콜

첫 출근만큼이나 어려운 날이 있다. 바로 마지막 날이다. 이직, 휴직, 퇴사. 이름은 달라도 본질은 같다. 한 시기를 예의 있게 마감하는 시간이다. 특히 리더라면 떠나는 사람도 남는 사람도 이 시간이 불편하지 않게 도와야 한다.

많은 사람이 작별 인사를 어려워한다. '뭐라고 해야 하지?', '너무 길면 꾸민 말 같고, 너무 짧으면 정성이 없어 보이고.' 하지만 작별 인사에서 중요한 건 말의 화려함이 아니라 태도의 정돈이다.

작별 인사는 공연의 커튼콜과 닮았다. 박수의 중심은 무대에 선 사람, 즉 떠나는 이에게 향해야 한다. 리더의 한마디는 그 박수에 방향을 준다.

"잘 가요."가 아니라 "함께해서 고마웠어요."로. "연락해요."가
아니라 "여기서 배운 것들이 다음 자리에서 더 빛나길"로.

말이 길수록 메시지는 흐려진다. 마지막 인사는 3줄 구조만
지켜도 충분하다.

작별 인사의 기본 3줄 구조

• 1줄 : 감사 – 함께한 시간을 인정하기

단순한 감사가 아니라, 함께한 시간의 무게를 인정한다.

"○○년(기간) 동안 함께해 주셔서 감사합니다."
"○○님과 함께 일한 시간이 우리 팀에는 큰 자산이 될 겁
니다."

• 2줄 : 배움/의미 – 구체적인 장면이나 가치 언급하기

가장 중요한 줄이다. 구체적일수록 마음에 남는다.

"끝까지 최선을 다하던 자세를 우리 모두 잊을 수 없을 겁
니다."
"○○님의 △△한 모습이 우리 팀의 기준이 되었습니다."

• 3줄 : 연결 – 관계의 지속 가능성 열어두기

작별이 끝이 아니라 새로운 시작임을 알린다.

"자리는 달라져도 계속 응원하겠습니다."
"다음 자리에서도 ○○님 답게 빛나실 거라 믿습니다."

완성된 작별의 말 :
"함께한 시간, 진심으로 감사합니다. 여기서 배운 것들을 바탕으로 더 성장하는 ○○님이 될 거라 믿습니다. 응원하겠습니다."

상황별 작별 인사(3줄 구조 적용)

- 이직

· **본인의 작별 인사**

감사: "여기서 배운 '○○을 지키는 힘' 덕분에 많이 성장하고 떠납니다."
배움: "이 팀에서 일하며 '프로의 기준'을 배웠습니다."
연결: "다음 자리에서도 이곳에서 배운 기준으로 일하겠습니다. 감사했습니다."

· **리더가 떠나는 팀원에게**

감사: "○○님은 우리 팀의 기준을 올린 사람입니다."

배움: "다음 자리에서는 더 빛날 겁니다."
연결: "사람은 떠나도 흔적은 남습니다. 좋은 흔적 남겨줘서 감사드립니다."

• 휴직(병가·육아·학업)

· 본인의 작별 인사

감사: "그동안 배려해 주셔서 감사해요."
배움: "잠시 자리를 비우지만 늘 응원하는 마음으로 함께 할게요."
연결: "건강히, 더 성장해서 돌아오겠습니다."

· 리더가 휴직하는 팀원에게

감사: "그동안 △△업무 하느라 애썼습니다."
배움: "멈춤은 회복과 성장의 기회라고 하더라고요."
연결: "○○님의 빈자리를 응원으로 채우겠습니다. 편히 다녀오세요."

• 퇴사(정년·경력 전환)

· 본인의 작별 인사

감사: "매일 제게 건네 준 '좋은 아침', 그 한마디가 제 하루를 바꿨습니다."

배움: "함께한 ○○년, 매일 배웠고 매일 감사했습니다."
연결: "그 시간을 잊지 않겠습니다. 고맙습니다."

· 리더가 퇴사하는 팀원에게

감사: "그동안 정말 고생 많았고, 새출발을 축하드립니다."
배움: "○○님의 '조용한 성실'이 우리 팀의 안전장치였습니다."
연결: "다음 자리에서도 그 성실이 누군가의 이정표가 되길 바랍니다."

피해야 할 표현

특별히, 떠나는 사람들은 작별 인사에서 피해야 할 표현들이 있다. 진심이라도 상대에게 부담이 되거나 관계에 과하게 여운을 남기는 말들이다. 말의 화려함보다 태도의 정돈이 중요하다.

1. 과도한 자기 낮춤

"별로 한 것도 없는데…"
→ 상대의 감사마저 가벼워 보이게 만든다. "이 시간을 함께할 수 있어서 감사합니다."로 바꾼다.

2. 모호한 약속

"언제든 뭐든 도와드릴게요"
→ "제 전문 영역이라면 기꺼이"로 구체화한다.

3. 뒷말의 여지

"사실 말씀 못 드린 게…"
→ 작별의 순간에 새로운 이야기는 금물이다. "이 자리에서 배운 것들을 기억하겠습니다."로 대신 마음을 전한다.

리더의 역할: 남는 사람을 위한 한 문장

떠나는 이를 축하하는 것만으로는 부족하다. 남는 사람의 마음을 정돈해야 한다. 누군가 떠난 뒤, 팀에는 허전함과 불안이 남는다. 그 허전함을 안정감으로 바꾸는 것이 리더의 책임이다.

- **쌓인 불안감을 공감해주기**

"○○님의 빈자리가 크게 느껴지는 건 당연합니다. 하지만 우리도 한 단계씩 성장해 왔습니다. 함께 채워갑시다."

- **함께 버틸 수 있다는 신호 보내기**

"빈자리를 채우는 건 쉽지 않지만, 누구든 이런 순간이 올 수 있습니다. 조금 바빠지겠지만, 서로 나눠서 해봅시다."

- 상황을 가치로 전환하기

떠나는 사람만큼 남는 사람도 중요하다. 리더는 양쪽 모두를
보살펴야 한다.

저자의 경험 – 마지막 인사가 관계를 완성한다

어느 해 존경하던 부서장이 정년 퇴임을 했다. 마지막 날, 그
분은 긴 연설 대신 짧은 한마디를 남겼다.

사무실에는 정적이 흘렀지만 우리는 알 수 있었다. 그분이 우
리와 보낸 시간이 즐거웠고 헤어짐을 아쉬워하고 있다는 사실을.
그날 이후 나는 아침 인사를 더 정성껏 하게 됐다. 떠나는 사람의
한마디가 남는 사람의 태도를 바꾼 순간이었다.

방송국 시절에도 비슷한 경험이 있었다. 수년을 함께한 선배
작가가 이직을 했다. 마지막 날, 그는 팀원 한 명 한 명에게 메시
지를 남겼다.

"○○씨는 디테일의 힘을 가진 사람이에요. 그 힘을 잃지
마세요."
"△△씨의 긍정은 팀의 산소였어요. 그 산소 덕분에 숨 쉴
수 있었어요."

길지 않았지만 구체적이었다. 그 메시지를 받은 사람들은 지
금도 그 말을 기억한다. 작별 인사는 그렇게 관계를 완성한다. 화
려한 말보다 진심 어린 한 문장이 오래 남는다. 그래서 작별 인사
는 때로 관계가 완성되는 순간이 된다.

말의 현장에서 얻은 깨달음

마지막 말에서 보이는 것은 말의 기술이 아니라 상대를 진심
으로 생각하는 태도다. 그 태도가 지금까지의 모든 관계를 마무
리짓고, 새로운 시작을 예약한다.

말센스 카드　　　　　　　　　　　　　　　　　: 작별 인사

감사 + 의미 + 연결

"함께한 시간에 진심으로 감사드립니다.(감사) 여기서 배운 것들
을 바탕으로 더 성장하는 ○○님이 되길 바랍니다.(배움) 자리는
달라져도 서로의 응원을 이어가면 좋겠습니다.(연결)"

- 작별 인사 만들기

떠날 예정인 자리가 있거나, 떠나는 동료가 있다면 3줄로 작
별 인사를 만들어 보세요.

상황 설정
"____________________________"

- 3줄 작별 인사 만들기

1) 감사(함께한 시간의 무게 인정)

"____________________________"

2) 배움(구체적인 장면이나 가치 언급)

"____________________________"

3) 연결(관계의 지속 가능성 열어두기)

"____________________________"

나의 작별 인사

→ "____________________________"

- 작별 인사 말센스 훈련

1. 위에서 만든 작별 인사를 소리 내어 말해 보세요.
2. 원고를 암기하지 말고 진심을 담아 자신의 말투로 반복해
말해 보세요.

04 센스 있는 말은, 센스 있는 귀에서

– 말하기 고수가 되는 듣기의 기술

말하기 고수가 되는 듣기의 기술

어느 월요일 아침 회의시간. 한 팀장이 보고를 시작했다. 30초쯤 지나자 부서장이 말을 잘랐다.

"그건 이미 검토했잖아요. 결론만 말해요."

팀장은 죄송하다는 말만 덧붙이고 입을 다물었다. 나머지 회의시간은 숨 막히는 정적만이 흘렀다.

부서장이 되면 대부분 말이 많아진다. 보고받고, 판단하고, 결정해야 하니까. 하지만 시간이 지날수록 알게 된다. 진짜 리더십은 말의 힘보다 듣는 힘에서 나온다는 걸.

말보다 듣기가 어려운 이유

대부분의 사람들은 '듣는다'는 걸 말을 기다리는 시간으로 착각한다. 그리고 그 시간동안 상대의 말을 온전히 들으며 이해하기보다는 '내가 뭐라고 답할까'를 미리 준비하는 데 에너지를 쓴다. 그래서 회의에서도, 보고 자리에서도 이런 대화가 자주 벌어진다.

"그건 이미 검토했잖아요."
"그러니까 결론이 뭐예요?"
"그건 아니죠, 내가 보기엔…"

말이 겹치는 순간, 상대는 입을 닫는다. 듣지 않는 리더는 결국 보고받는 정보의 질을 떨어뜨린다. 직장에서는 듣는 태도가 곧 신뢰의 통로이자 소통의 데이터 품질관리다.

잘 듣는 리더의 3가지 습관

1. 말 중간에 끼어들지 않는다

리더에게는 '시간 단축'이 일상이다. 듣는 중에도 결론부터 끊고 싶은 충동이 생긴다. 하지만 말을 자르면 마음도 함께 끊긴다. 공감은 빠른 판단이 아니라, 끝까지 기다려주는 태도에서 시작된다.

한 문장이라도 상대가 끝맺은 뒤에 던져라. 그 짧은 침묵의 존중이 신뢰를 만든다.

2. 말의 '감정'을 먼저 듣는다

직장인은 논리로 일하지만 감정으로 움직인다. 보고의 내용보다 중요한 건 그 안에 담긴 감정의 결이다. 불만, 두려움, 불안, 기대. 그 감정을 귀로 들을 수 있는 리더가 팀을 움직인다.

이 질문을 스스로에게 던져보면 말이 달라진다.

조언보다 공감이, 설명보다 이해가, 해결보다 함께 있음이 먼저다.

3. 한 박자 쉬고, 말을 꺼낸다

리더의 말은 무겁다. 그래서 속도에만 신경쓰면 상대에게 끼치는 파급력이 커진다. 말의 온도가 중요하다. 감정이 얽힌 자리일수록 반박보다 멈춤이 먼저다. 상대의 말을 듣고 2초만 기다려보자. 그 짧은 '한 박자'가 팀의 공기를 바꾼다.

> "아…(잠시 멈춤) 그건 제가 미처 몰랐던 부분이네요. 말씀해 주셔서 감사합니다."

멈춤은 약함이 아니라 조율의 기술이다. 그 여유가 팀의 긴장을 풀고, 감정을 식힌다.

상황별 듣는 리더의 대화법

• 의견 충돌

끼어드는 말: "그건 틀렸어요."
→ 상대는 방어 태세를 취하고, 입을 다물게 된다.

경청하는 말: "그 부분은 다른 시각에서도 한번 볼 수 있을까요?"
→ 상대 의견을 존중하면서 함께 생각하는 분위기가 형성된다.

- 부하직원의 실수

→ 직원은 위축되고, 다음 보고가 더 조심스러워진다.

이해하는 말: "그 과정에서 놓친 부분이 있었군요. 다음엔 같이 점검하죠."

→ 직원은 실수를 배움의 기회로 받아들이고, 신뢰가 형성된다.

- 보고가 길어질 때

서두르는 말: "핵심만 말해요."

→ 보고자는 말이 중간에 끊기면 불안을 느낀다.

이끌어내는 말: "지금 말한 포인트 중에서 가장 중요하다고 생각하는 건 뭔가요?"

→ 보고자가 스스로 정리하고, 자신감을 갖는다.

저자의 경험 - 듣는 리더가 팀을 바꾼다

공공기관에서 수많은 상사를 겪었다. 단 한 번도 말이 많은 리더가 신뢰를 얻는 장면을 본 적이 없다. 오히려 조용히 고개를 끄덕이며 팀의 말을 끝까지 들어준 리더, 그의 한마디가 언제나 회의의 결론이 되었다.

방송국 시절, 가장 존경했던 PD가 있었다. 그분은 회의 때 거의 말이 없었다. 작가들이 아이디어를 쏟아낼 때, 조용히 듣고 메모만 했다. 그러다 마지막에 한마디 했다

모두가 고개를 끄덕였다. 그는 지시하지 않았다. 듣고, 연결했을 뿐이다. 그게 진짜 리더십이었다.

리더가 말을 줄이는 순간, 팀의 말은 살아난다. 리더가 먼저 귀를 열면, 구성원은 마음을 연다. 듣는 리더는 지시하지 않아도, 말의 방향을 바꾼다. 듣는다는 건 단순히 입을 다무는 일이 아니다. 상대의 자리에 서보는 일, 내 말보다 우리의 균형을 세우는 일이다. 좋은 말은 들을 줄 아는 사람에게서 나온다. 듣는 힘이 곧 말의 품격을 만든다. 센스 있는 말은, 결국 센스 있는 귀에서 시작된다.

말의 현장에서 얻은 깨달음

끝까지 들어주는 태도, 상대의 감정을 먼저 읽는 눈, 한 박자 멈추고 답하는 여유. 이 세 가지가 모일 때 신뢰가 만들어진다. 리더의 경청이 팀의 목소리를 살리고, 그 목소리들이 관계의 품격을 완성한다.

 기다림 + 공감 + 조율

"말씀 다 하시고 나면 제 생각을 보태도 될까요?(기다림)"

"그 마음 이해합니다. 저라도 같은 생각이었을 것 같아요.(공감)"

"제가 놓친 시각이 있었네요. 의견 주서서 감사합니다.(조율)"

· 듣기의 기술 연습

당신 일상에서 '끼어든 말의 순간'을 떠올려 보세요. 그 순간이 있었다면 아래 실천 내용에 맞춰 연습해 보세요.

1) 기다림:

"말씀 다 하시고 나면 제 생각을 보태도 될까요?"

2) 침묵의 존중:

한 박자 쉬고, 상대의 말이 완전히 끝난 후 답하세요.

3) 체감:

그 2초의 침묵이 신뢰를 만든다는 것을 느껴보세요.

05 나만의 말센스 루틴 만들기
– 하루 한 문장, 말센스를 다듬는 루틴

말센스는 습관이다

중요한 발표를 앞두고 있다. 머릿속으로 문장을 정리하는데, 막상 입을 열면 말이 꼬인다. '아, 어제 정리해 둘 걸...' 후회가 밀려온다.

한 번 멋지게 말한다고 해서 다음에도 말을 잘 할 수 있는 것은 아니다. 그때그때 상황이 다르고, 상대도 다르고, 내 마음의 결도 매번 다르다. 그래서 중요한 건 습관이다.

말센스는 타고나는 것이 아니라 다듬으며 쌓이는 힘이다. 이 책을 읽는 동안 당신은 이미 수십 개의 문장과 태도를 만나왔다. 첫인사부터 감사와 사과, 보고, 피드백, 건배사, 리더의 말까지.

각장마다 있었던 말센스 카드와 연습란은 '당신만의 언어'를 만드는 초안이다. 이제 그 빈칸을 채워보자. 완벽하지 않아도 좋다. 책 속 예시 문장을 참고해 당신의 말투로 당신의 하루에 맞게 다시 써보면 된다.

한 문장이 완성되면 그것이 바로 당신의 첫 번째 말센스 카드가 된다.

저자의 경험 – 준비된 말이 주는 안정감

나는 휴대폰 메모 앱을 '말센스 노트'로 활용한다. 여러개의 폴더를 만들어 놓고 그날 발견한 좋은 표현, 인상 깊은 대화, 내 말 중 다듬고 싶은 문장들을 분류에 따라 모은다. 일주일에 한 번 그 문장을 다시 읽고 수정한다.

직장에서 동료들에게 가장 많이 받는 질문이 "어떻게 그렇게 말을 적절하게 해요?"다. 비결은 간단하다. 미리 준비해 둔 문장 덕분이다. 건배사, 행사 인사말, 보도자료, 언론 응대 등. 비슷한 상황이 반복되면 기본 틀과 핵심 문장을 메모해 뒀다가 상황에 맞게 수정한다.

그러다 보면 어제보다 조금 더 단단하게 나만의 말이 쌓인다. 이 습관이 당황하지 않는 자신감, 흔들리지 않는 태도를 만들어 줬다. 듣는 사람은 즉흥처럼 듣겠지만, 내 안에는 언제나 준비된 문장이 있다.

나만의 말센스 카드 만들기

• 1단계 : 상황 분류

먼저, 내 일상에서 자주 맞닥뜨리는 말의 상황을 고른다. 얼마든지 자신의 상황에 맞게 추가해 분류하면 된다.

상황 분류 예시

· 회의: 의견 제시, 반대 의견 전달, 회의 마무리
· 일상: 사과, 감사, 부탁, 칭찬
· 공식: 건배사, 작별 인사, 환영사
· 위기: 실수 대응, 민원 응대, 갈등 조정

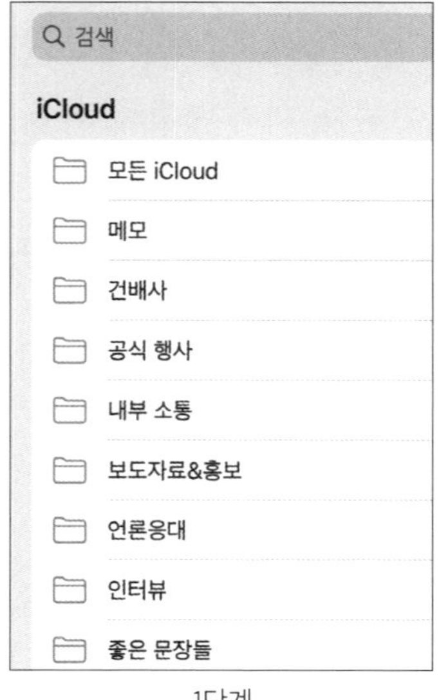

1단계

2단계

- **2단계 : 기본 문장 기록**

책, 신문, 영상, 대화 등에서 인상 깊었던 문장을 옮겨 적고 내 상황에 맞게 수정한다.

> · 책 속 문장: "감사는 예의가 아니라 생존의 기술이다"
>
> -《감사의 힘》, 데비라 노빌
>
> · 내 문장: 내일을 존중하는 법 – "내 일에 감사함으로 존중하라. 그것이 생존의 기술이다."

- **3단계 : 나만의 색 추가**

내 습관어, 직업적 언어, 유머 한 줄을 섞어 나답게 다듬는다. 단, 길어질수록 진심은 약해진다. 핵심만 남기자. 격식 있는 자리에서는 단정하게, 개인적인 자리에서는 따뜻하게 마음을 담아보자.

> · 단정한 건배사: "3년을 함께하니, 미운 마음이 고운 정으로 바뀌었습니다. 건배!"

> · 따뜻한 건배사: "3년을 지내면서 처음 팀장님에 대한 미운 마음이 어느새 따듯한 정이 됐네요. 미운 정 하면 고운 정이라 외쳐주세요!"

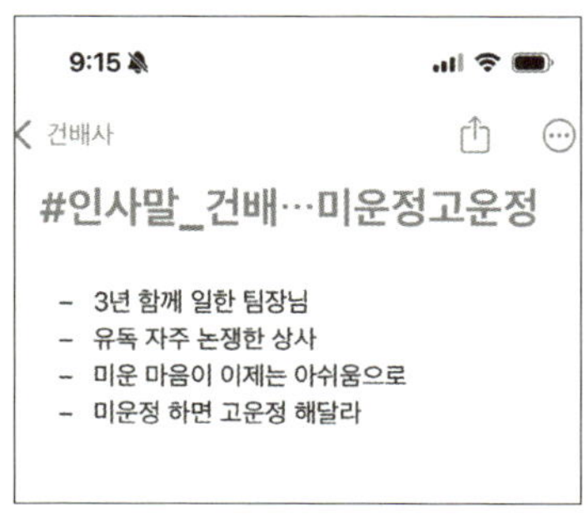

3단계

이 카드들이 모여 당신의 '언어 루틴북'이 된다. 즉흥처럼 들리지만 사실은 준비된 문장, 그게 바로 말센스의 기본기이다.

당신의 말이 자라는 책

이 책은 당신의 말이 자라도록 돕는다. 한 챕터를 펼칠 때마다 말센스 카드의 빈칸을 채워보고, 매주 한 문장씩 '나의 말센스 카드'를 추가해 보자. 한 달에 한 번, 오래된 표현을 지우고 새로운 말로 바꿔보자. 당신의 언어를 키우는 일기장이 되어줄 것이다. 완성된 문장이 늘어날수록 당신의 말센스는 자라고, 당신의 태도는 품격을 갖추어 간다.

품격은 거창한 말에서 시작하지 않는다. 오늘 내가 고른 단어, 건넨 한 문장에서 출발한다. 그 작은 선택이 나의 태도를 만들고, 나의 태도가 곧 나의 품격이 된다.

말은 결국, 태도의 기록이다. 당신의 말센스가 당신의 내일을 만든다.

말의 현장에서 얻은 깨달음

말센스는 타고나는 것이 아니다. 다듬으며 쌓이는 힘이다. 오늘 내가 고른 단어, 내가 건넨 한 문장이 내일의 나를 만든다. 매일 한 줄씩. 당신의 말센스가 자란다.

말센스 카드   : 나만의 루틴

🔔 매일 + 매주 + 매월

매일: 오늘 했던 말 중 다듬고 싶은 문장 1개 메모하기

매주: 이번 주 가장 잘 통했던 말 1개 정리하기

매월: 오래된 표현 지우고 새로운 말로 업데이트하기

당신의 첫 번째 말센스 카드를 지금 바로 만들어보세요. 완벽할 필요는 없습니다. 매일 한 문장씩 추가해 보세요. 한 달 후, 당신의 변화를 느낄 것입니다.

- 1단계: 준비(2분)
: 휴대폰 메모 앱을 열어 "말센스 노트"라는 제목으로 새 메모 만들기

- 2단계: 기록(5분)
: 이 책에서 기억에 남는 문장 1개를 적기

- 3단계: 변신(5분)
: 그 문장을 내 상황에 맞게 바꿔보기

부록

활용 팁

표준형은 언제나 안전하게 쓸 수 있는 '기본 문장'입니다. 개인화는 자신의 경험, 유머, 감정을 반영해 '나다운 말'로 만들 때 사용하는 참고용입니다. 메모 앱에 저장해두고 분기마다 업데이트하면 최신 상황에 맞게 유지할 수 있습니다.

1. 첫 출근 인사

공공기관용

✔표준형: "안녕하세요. □□과에 새로 부임한 ○○○입니다. 맡은 일에 최선을 다하겠습니다."

✔개인화: "홍보담당 ○○○입니다. 주민에게 신뢰받는 행정이 되도록 힘쓰겠습니다."

민간기업용

✔표준형: "안녕하세요. □□팀 신입 ○○○입니다. 많이 배우며 빠르게 적응하겠습니다."

✔개인화: "마케팅팀 ○○○입니다. 함께 '결과가 보이는 팀'을 만들어가겠습니다."

2. 자기소개 (네트워킹·모임)

✔표준형: "○○과에서 □□ 업무를 맡고 있는 ○○○입니다. 좋은 협력 기회가 되면 좋겠습니다."

✔개인화: "주민과 가까운 행정을 고민하는 ○○○입니다. 현장의 목소리를 많이 듣고 싶습니다."

✔표준형: "○○팀에서 □□ 업무를 담당하고 있습니다. 서로 배울 점이 많은 자리였으면 합니다."

✔개인화: "저는 브랜드 경험을 설계하는 기획자 ○○○입니다. 일 이야기도, 사람 이야기도 좋아합니다."

3. 회의 첫 멘트

✔표준형: "이번 회의는 ○○ 안건 중심으로 진행하겠습니다. 의견 주시면 검토에 반영하겠습니다."

✔개인화: "다양한 부서 의견이 모이는 자리인 만큼 자유롭게 말씀해주시면 감사하겠습니다."

✔표준형: "오늘 회의는 ○○안 논의를 목표로 합니다. 효율적으로 의견 나누겠습니다."

✔개인화: "자유롭게 이야기 나누되 현실적으로 실행 가능한 아이디어 위주로 정리해봅시다."

4. 격식 있는 행사 인사말

① 신년인사회 / 시무식

"존경하는 내·외빈 여러분, 바쁘신 일정에도 참석해 주셔서 감사합니다. 오늘 이 자리는 새로운 한 해의 출발을 함께 다짐하는 자리입니다. 올해도 주민의 삶이 더 행복해질 수 있도록 현장에서 답을 찾는 행정을 펼치겠습니다. 모든 분들의 건강과 행복을 기원하며, 새해 복 많이 받으시길 바랍니다."

② 시상식 / 표창 수여식

"오늘 수상의 영예를 안으신 모든 분들께 진심으로 축하드립니다. 여러분의 헌신과 노력 하나하나가 우리 지역을 움직이는 힘이 되었습니다. 작은 성과가 큰 변화를 만든다는 믿음으로, 앞으로도 함께 성장해 나가길 바랍니다."

③ 정책 발표회 / 보고회

"오늘 발표회는 지난 노력의 결과를 공유하고, 새로운 방향을 함께 모색하는 자리입니다. 모든 부서와 협력기관의 수고에 감사드립니다. 앞으로도 행정의 신뢰는 '소통과 실행'에서 나온다는 믿음으로 최선을 다하겠습니다."

① 프로젝트 런칭 / 신제품 발표회

"오늘은 우리 팀이 오랜 시간 준비해온 결과를 세상에 선보이는 날입니다. 이 자리에 함께해 주신 모든 분들께 진심으로 감사드립니다. 이번 프로젝트는 고객의 일상 속에서 가치를 발견하고, 그 가능성을 현실로 만든 도전의 결과입니다. 이 순간이 또 다른 시작이 되길 바랍니다."

② 창립기념식 / 연말 송년회

"오늘은 한 해 동안 함께 달려온 시간들을 돌아보는 자리입니다. 성과의 크기보다 중요한 건 끝까지 함께한 마음이라 생각합니다. 서로의 노고를 격려하며, 내년엔 더 큰 비전으로 다시 만납시다. 여러분 모두의 수고에 진심으로 감사드립니다."

5. 건배사 1 (표준형)

"오늘 함께해 주신 모든 분들의 건강과 행복을 위하여!"

"주민이 행복해야 행정이 빛납니다. ○○구의 내일을 위하여!"

"우리의 도전과 성장을 위해, 건배!"

"일은 스마트하게, 성과는 크게! 모두의 성공을 위하여!"

6. 건배사 2 (개인화)

"정책은 탄탄하게, 관계는 단단하게, 내일은 환하게!"

"말보다 실천, 실천보다 협력, 협력보다 신뢰!

"보고서는 짧게, 성과는 길게!"

"오늘은 공무(公務)가 아닌 공감(共感)의 날로!"

"일은 스마트하게, 성과는 크게, 회식은 즐겁게!"

"일 잘하는 사람보다, 같이 일하고 싶은 사람으로!"

"회의는 짧게, 점심은 길게, 인생은 유쾌하게!"

7. 축하의 말

✔표준형: "○○사업의 성공적인 완료를 축하드립니다. 수고하신 모든 분께 감사드립니다."

✔개인화: "오늘의 성과가 내일의 변화로 이어지길 바랍니다. 모두 고생 많으셨습니다."

✔표준형: "프로젝트 완수를 진심으로 축하드립니다. 그간의 노력이 결실을 맺었습니다."

✔개인화: "팀 전체가 함께 만든 결과라 더 값집니다. 모두 자랑스럽습니다."

8. 격려의 말

✔표준형: "지금까지의 노력과 헌신에 감사드립니다. 결과보다 과정이 더 빛났습니다."

✔개인화: "조금 더디더라도 꾸준히 가면 결국 도착합니다. 늘 응원합니다."

✔ 표준형: "그동안의 열정이 멋졌습니다. 이번에도 잘 해낼 거라 믿어요."

✔ 개인화: "결과보다 과정이 훌륭했어요. 다음엔 더 큰 성과로 돌아올 겁니다."

9. 사과의 말

✔표준형: "불편을 드려 죄송합니다. 빠른 시일 내 조치하겠습니다."

✔개인화: "처리 과정에서 미흡한 점이 있었습니다. 바로잡고 다시 안내드리겠습니다."

✔ 표준형: "혼선을 드려 죄송합니다. 즉시 조치하겠습니다."

✔ 개인화: "이번 일은 제 판단이 부족했습니다. 더 정확히 검토 후 다시 전달드리겠습니다."

10. 작별 인사

✔표준형: "그동안 함께해 주셔서 감사드립니다. 어디서든 행복하길 바랍니다."

✔개인화: "함께한 시간 동안 배운 게 많았습니다. 앞으로도 좋은 인연으로 남길 바랍니다."

✔표준형: "그동안 함께해서 즐거웠습니다. 언제든 다시 협업할 날을 기대합니다."

✔개인화: "함께한 시간 덕분에 많이 성장했습니다. 다음 프로젝트에서 꼭 다시 만나요."

말센스 히든카드 PDF 다운로드 안내

　책을 구매하신 분들께 '말센스 히든카드(30세트)' PDF를 별도로 제공합니다. 말이 필요한 순간, 히든카드처럼 꺼내 쓰세요.
→ (다운로드: www.bookbee.co.kr - contact - 자료실)

활용법

- 출력해서 책상에 붙이기
- 휴대폰에 저장해두기
- 명함 크기로 잘라 지갑에 넣기

1. 초두효과&빈발효과

1-1. 초두효과(Primacy Effect)

• 원저 논문 : Asch, S. B.(1946). "Forming Impressions of Personality." Journal of Abnormal and Social Psychology, 41(3), 258-290.

1-2. 빈발효과(Mere Exposure Effect)

• 원저 논문 : Zajonc, R. B. (1968). "Attitudinal Effects of Mere Exposure." Journal of Personality and Social Psychology, 9(2), 1-27.

2. 자기현시 이론(Self-Presentation Theory) - 어빙 고프먼

• 주요 저서: Goffman, E.(1959). The Presentation of Self in Everyday Life*. Doubleday.

• 관련 국내 논문: 배영금(2014). "고프먼 관점에 따른 자아의 유형화와 커뮤니케이션적 함의." 한국언론학회 학술발표논문집, 2014(5), 45-52.

3. 패러랭귀지 이론(Paralanguage Theory)

• 원저 논문: Trager, G. L.(1958). "Paralanguage: A First Approximation." Studies in Linguistics, 13, 1-12.

• 관련 국내 논문 : 김수연(2008). "비언어적 커뮤니케이션 연구: 음성, 신체언어, 공간." 〈언어와 정보〉 12(2), 121-145.

4. 메신저 대화와 감정 해석 연구

4-1. 한국인터넷진흥원(KISA) 설문조사

• 출처 : 한국인터넷진흥원(2022-2023). 메신저 및 SNS 커뮤니케이션 실태조사.

 - 주제: 메신저 대화에서 감정 오해를 경험한 빈도 및 양상 분석 (www.kisa.or.kr)

4-2. 하버드비즈니스리뷰(Harvard Business Review) 연구

• 관련 기사: Constantino, V., & Parker, A. M.(2016). "How to Write an Email That Will Actually Get a Response." Harvard Business Review Digital Articles, 2-4.

 - 주제: 톤이 단정한 대화가 감정적 표현이 잦은 대화보다 신뢰성 높음

5. 회의 비효율성 연구

• 출처 : Remember(2023). 한국 직장 내 회의 실태에 대한 설문조사

 - https://www.remember.co.kr

6. 프레이밍 효과(Framing Effect)

• 원저 논문: Tversky, A., & Kahneman, D.(1981). "The Framing of Decisions and the Psychology of Choice." Science, 211(4481), 453-458.

 - 노벨경제학상 수상 논문

• 관련 도서 : 카너먼, 대니엘(2012). 〈생각에 관한 생각〉 이지선 옮김. 국일미디어

7. 성장 마인드셋(Growth Mindset)

• 주요 저서: Dweck, C. S.(2006). Mindset: The New Psychology of Success. Random House.

 - 한글 번역: 드웩, 캐럴 (2006). 〈마인드셋: 성공의 심리학〉 이경아 옮김. 위즈덤하우스

8. 사회적 촉진(Social Facilitation)

• 관련 논문 : Zajonc, R. B.(1965). "Social Facilitation." Science, 149(3681), 269-274.

9. 교류분석(Transactional Analysis) : 말은 '교류'

• Berne, E. (1964). Games People Play: The Psychology of Human Relationships. Grove Press.

• 관련 도서 : 해리스, 토마스(2004). 〈나는 괜찮아, 당신도 괜찮아〉이종민 옮김. 시공사

10. 유머의 사회적 완충 장치 역할

• 원저 : Aarons, Z., & McGhee, P. E.(1987). "The Effects of Humor on Stress." Journal of Advanced Nursing, 12(3), 359-365.

• 국내 연구 : 김영신, 이기명(2008). "유머가 심리적 안녕감 및 직무 스트레스에 미치는 영향." 산업심리학회지, 21(4), 543-561.

※ 주요 학술 데이터 참고

• JSTOR : jstor.org - 학술 논문 및 저널 검색

• Google Scholar : scholar.google.com - 논문 및 인용 정보 검색

• 한국학술정보(KISS) : kiss.kstudy.com - 국내 학술 자료 검색

• 국내 학술정보시스템(RISS) : www.riss.kr - 학위논문 및 학술 자료